Fe artesana

101 manualidades infantiles para crecer en la fe

Laurine M. Easton

LOYOLAPRESS.
UN MINISTERIO JESUITA

LOYOLA PRESS.
UN MINISTERIO JESUITA

3441 N. Ashland Avenue
Chicago, Illinois 60657
(800) 621-1008
www.loyolapress.com

Título original en inglés: *Crafting Faith: 101 Crafts to Help Kids Grow in Their Faith* (Chicago, IL: Loyola Press, 2008). Traducido por Patricia Abello Schnitzler.

Este libro fue preparado con el aporte de muchas personas, entre ellas, Barbara Albin y Julia Holek.

Una edición previa de este libro se publicó en 1987 con el título de *Crafts for Religion Education* [Manualidades para la educación religiosa] (ISBN 1-55588-144-0) por TEL Publishers, LTD, PO Box 5471, Rockford, Illinois 61125.

Las actividades del Rosario en las páginas 133-139 © 2007 Loyola Press. Todos los derehos reservados.

Los textos bíblicos corresponden a *La Biblia de nuestro pueblo* (© 2007 Pastoral Bible Foundation y © 2007 Ediciones Mensajero)

Imagen de la portada: © Keren Su/CORBIS
Diseño de la portada: Beth Herman
Ilustraciones interiores: Yoshi Miyake, Mia Basile y Kathryn Seckman Kirsch
Diseño interior: Mia Basile y Kathryn Seckman Kirsch

Library of Congress Cataloging-in-Publication Data
  [Crafting faith. Spanish]
  Fe artesana : 101 manualidades infantiles para crecer en la fe / Laurine M. Easton ;
[traducido por Patricia Abello].
      p. cm.
  Includes indexes.
  ISBN-13: 978-0-8294-3765-2
  ISBN-10: 0-8294-3765-7
1. Christian education--Activity programs. 2. Creative activities and seat work.
3. Christian education of children. I. Title.
  BV1536.E2718 2013
  268'.6--dc23

                                                    2012028760

Impreso en los Estados Unidos de América

12 13 14 15 16 17 BANG 10 9 8 7 6 5 4 3 2 1

Índice

Introducción

¿Sabía que la Biblia se inicia con una actividad artesanal?

Las historias de la creación que aparecen en el Génesis (capítulos 1 y 2), nos explican cómo Dios —con su divina imaginación— creó el firmamento y la tierra; las estrellas, el sol y la luna; los océanos, las plantas y otras criaturats vivas, culminando con la creación de los seres humanos. En términos simples, la labor artesanal es el arte de crear un objeto con destreza y esmero. La Creación es, ni más ni menos, la labor artesanal de Dios. Hechos a imagen y semejanza de Dios, los seres humanos estamos impulsados a crear. La labor artesanal es un modo de participar en la naturaleza creativa de Dios y en su divina imaginación.

La labor artesanal ha ocupado un lugar privilegiado en la educación religiosa desde tiempo atrás. La elaboración de manualidades permite a los niños (y a personas de cualquier edad) expresar de manera concreta y creativa su comprensión de la fe y su relación con Dios y la Iglesia. El arte es un "lenguaje" que usamos en la educación religiosa para "llevar lo divino al mundo humano, al nivel de los sentidos, en consecuencia, desde la introspección espiritual obtenida a partir de los sentidos y de la agitación de las emociones elevar al mundo humano a Dios, a su inexpresable reino de misterio, belleza y vida" *(DNC* 37B1).

La labor artesanal también es un eficaz método de enseñanza para aquellos cuyo estilo primordial de aprendizaje no se basa en la palabra. El concepto de inteligencias múltiples —desarrollado por el Dr. Howard Gardner, profesor de educación de la Universidad de Harvard— clasifica a las personas según su estilo de aprendizaje y sus fuertes particulares:

- Lingüístico
- Lógico-matemático
- Mágico
- Cinético-corporal
- Espacial
- Interpersonal
- Intrapersonal

Las personas a las que se les facilita más el dibujo que la escritura, se benefician de poder expresarse mediante el arte. Asimismo, hay quienes sencillamente aprenden mejor cuando se les invita a hacer algo táctil. Estas personas, que tienen un estilo de aprendizaje *háptico*, tienden a depender del tacto como fuente primaria de asimilación y suelen tener buena coordinación y disfrutar de las actividades manuales. Las manualidades permiten a estas personas —que son más visuales, artísticas y físicas— expresarse y aprender de la manera más acorde a su estilo. Incluso para aquellos cuyo estilo de aprendizaje se basa más en la palabra, las manualidades ofrecen variedad. El aprendizaje suele ser más efectivo cuando se emplean diversos métodos y cuando la persona participa activamente del mismo.

Por último, la fe católica es fundamentalmente sacramental; trasciende las palabras y reconoce la presencia de Dios reflejada en los objetos del mundo. La imaginación católica percibe los elementos de la creación como canales de la gracia divina. Ya se trate de elementos sacramentales "oficiales" —como el agua, el pan, el vino, el óleo y el fuego— o de los incontables elementos que tenemos a la mano —como rocas, conchas de mar, bellotas, piñas de pino, telas, papel, flores, madera y hasta varitas de manualidades— la capacidad católica de reconocer a Dios en el mundo físico es ilimitada.

Y, por supuesto, no olvidemos que… *¡las manualidades son divertidas!*

Sugerencias para el uso de manualidades en la educación religiosa

1. Con suficiente antelación al inicio del año educativo, identifique las oportunidades de usar manualidades para expresar visualmente lo que va a enseñar. Haga una lista de posibles proyectos y materiales que necesitará durante el año. Coordine con el director de catecismo la consecución de los materiales, o solicite a los padres que los donen.

2. Las manualidades nunca deben suplantar a la enseñanza real. Deben usarse ya sea como complemento a la enseñanza, o como un medio para que los participantes expresen su comprensión de lo que han aprendido.

3. Elabore la manualidad para que se familiarice con el tiempo y la destreza que esta requiere. Al hacerlo, también tendrá una idea de qué porción del trabajo necesita preparar anticipadamente para que sus estudiantes puedan finalizar la tarea en el tiempo asignado. Además, podrá determinar si la manualidad es apta para la edad del grupo.

4. Antes de hacer una manualidad, cerciórese de que el concepto, el tema o la doctrina que se enseña sea claramente captada por todos. Después, presente la manualidad como un medio de reforzar este mensaje o como respuesta a la enseñanza. Explique por qué escogió esta manualidad en particular y cómo se relaciona con la lección.

5. Cuanto más compleja sea la manualidad, más asistentes necesitará para ayudar a los estudiantes. No suponga que los estudiantes conocen tan bien como usted los pasos del proyecto.

6. Cerciórese de tener todos sus materiales organizados y a la mano.

7. Dé las instrucciones para realizar la manualidad antes de repartir los materiales o de invitar a los estudiantes a dejar sus puestos. Para verificar que han entendido las instrucciones, pida a voluntarios que resuman los pasos en sus propias palabras.

8. Examine el espacio que usará para eliminar cualquier distracción innecesaria. De ser posible, decore el área de manualidades con el tema del proyecto que se va a crear, lo que será un incentivo visual para los estudiantes. Puede ser algo tan sencillo como exhibir el proyecto que usted elaboró con anticipación o realzar el ambiente con ilustraciones o símbolos apropiados.

9. Podría poner música que respalde el tema del proyecto y que tenga un efecto calmante.

10. Transmita un sentido de orgullo en hacer el proyecto de manera creativa y con esmero. Comente que la expresión artística es el modo en que Dios creó los cielos y la tierra, y que cuando nos expresamos de manera artística, participamos del proceso creativo de Dios.

11. Use papel de periódico para cubrir las mesas y mantener limpia el área de trabajo.

12. Organice a los estudiantes en parejas o grupos pequeños en cada mesa, con un ayudante por mesa. Tenga los utensilios y materiales en una mesa aparte.

13. Procure usar una variedad de materiales y de ideas a través del año. Mientras los estudiantes trabajan, anímelos a ser creativos y a elegir entre diversas opciones.

14. Reserve un lugar para dejar secando las manualidades durante el día o hasta la próxima sesión. Asegúrese de que cada estudiante marque su manualidad con su nombre.

Collage de signos y símbolos

Grados 1–8

Materiales:

Revistas (magazines)	Tijera (scissors)
Cartoncillo (poster board)	Crayones o marcadores de punta fina (crayons, felt-tip markers)
Pegamento o engrudo (glue, paste)	Papel de dibujo (drawing paper)

> ### CONEXIÓN CON LA FE
> *Explique a los estudiantes que la Iglesia usa signos y símbolos para expresar nuestra fe. Haga una lluvia de ideas y cree una lista (agua, pan, vino, óleo, etc.).*

Instrucciones:

1. Organice a los estudiantes en grupos pequeños e invítelos a hacer un *collage* de distintos signos que ven a diario. Anímelos a usar algunos de los signos de la Iglesia como punto central de su *collage.*

2. Pídales que recorten ilustraciones de revistas o que dibujen sus propios signos o símbolos para recortar y pegar en un *collage.*

3. Este puede ser un proyecto de uno o dos días. En el primer día recortarán. En el segundo día pegarán y dialogarán sobre los *collages.*

Nota: Como alternativa, pida a los estudiantes que traigan revistas especializadas en sus propios intereses.

Marca-libros de fieltro

Grados 1–8

Materiales:

Una tira de fieltro duro de 2 x 6 pulgadas por estudiante (felt)	Tijeras (scissors)
Fieltro adicional de colores (felt)	Pegamento blanco (white glue)
Patrones de cartón para los símbolos (ver página 3)	Opcional: Materiales para bordes como trenza dorada, borde plateado y dorado, hilo de seda o cinta bordada
Lápices (pencils)	

Antes de comenzar:

Prepare una amplia cantidad de patrones de cartón para los estudiantes. Recorte los símbolos de fieltro antes de la clase para los estudiantes menores. Después podrán organizar y pegar los símbolos a sus marca-libros. Invítelos a adornar los marca-libros con materiales decorativos.

> ### CONEXIÓN CON LA FE
>
> *Explique a los estudiantes que la Iglesia usa signos y símbolos para expresar nuestra fe. Haga una lluvia de ideas y cree una lista (agua, pan, vino, óleo, etc.). Los símbolos de nuestra fe cristiana pueden usarse para hacer marca-libros de regalo.*

Instrucciones:

1. Exhiba un marca-libros que sirva de modelo a los estudiantes para elaborar su marca-libros. Reparta patrones para símbolos o símbolos ya recortados.

2. Este proyecto es apropiado para todos los grados según la complejidad del símbolo elegido. Use patrones simples de una sola pieza para los grados 1 y 2.

3. Deben elegir dos colores de fieltro: uno para el marca-libros en sí, y uno para el símbolo que se va a colocar en el marca-libros.

4. Elegir uno de los patrones para símbolos de la página 3 de este libro o dibujar su propio símbolo cristiano.

5. Trazar el patrón sobre una hoja de fieltro. Recortar el marca-libros.

6. Pegar el símbolo al marca-libros.

7. Adornar con retazos de fieltro y/o con materiales decorativos. Desflecar con tijeras el extremo del marca-libros.

Marca-libros

Grados 3–8

Materiales:

Patrones de cartón para los símbolos	Rotuladores (felt-tip pens)
Cartoncillo liviano recortado en tiras de 2 x 6 pulgadas (poster board)	Perforadora (paper punch)
Cartulina de colores (construction paper)	Cordel, estambre o cinta de colores (twine)
Crayones (crayons)	Pegamento (glue)

> ### CONEXIÓN CON LA FE
> *Explique a los estudiantes que la Iglesia usa signos y símbolos para expresar nuestra fe. Haga una lluvia de ideas y cree una lista (agua, pan, vino, óleo, etc.).*

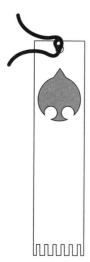

Antes de comenzar:

Prepare los patrones de cartón y las tiras de cartoncillo para los estudiantes.

Instrucciones:

1. Este proyecto se puede hacer con cartulina de colores para los símbolos y cartoncillo liviano para los marca-libros.

2. Elegir uno de los patrones para símbolos y trazarlo en una hoja de cartulina.

3. Pegar el símbolo en el marca-libros de cartoncillo.

4. Decorar el marca-libros con crayones o rotuladores. Se puede agregar un versículo de la Biblia.

5. Perforar un agujero en el extremo superior del marca-libros, pasar un trozo de cordel, estambre o cinta delgada de colores por el agujero y anudarlo.

Rompecabezas

Grados 3–8

Materiales:

Revistas (magazines)	Papel blanco (white paper)
Cartón duro no corrugado (de un bloc de hojas de cartón) (cardboard)	Crayones (crayons)
Pegamento (glue)	Lápices (pencils)
Tijeras (scissors)	

> **CONEXIÓN CON LA FE**
>
> *Un modo importante de entender a la "Iglesia" es verla como una comunidad de personas. Somos la Iglesia, el Pueblo de Dios.*

Instrucciones:

1. Pida a cada estudiante que recorte una ilustración de revista donde aparezca un grupo de personas que simbolicen una comunidad, o que haga un dibujo de su propia familia y comunidad donde aparezcan diversas personas.

2. Pegar las ilustraciones en una hoja de cartón duro. No usar cartón corrugado.

3. Voltear el cartón y trazar al respaldo líneas que formen el contorno de un rompecabezas.

4. Recortar las piezas del rompecabezas siguiendo las líneas. Intercambiar el rompecabezas con un compañero y armar el rompecabezas del otro.

Caminar junto al Señor

Grados 1–8

Materiales:

Cartulina, cartoncillo o cartón (construction paper, poster board, cardstock)	Tijeras (scissors)
Lápices, crayones o marcadores (pencils, crayons, markers)	Cinta adhesiva de papel (masking tape)

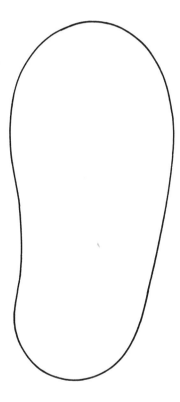

Instrucciones:

1. Pida a los estudiantes que se reúnan en parejas y tracen el pie o el zapato de su compañero sobre una hoja de cartulina, cartoncillo o cartón.

2. Cada estudiante debe recortar y decorar su propia huella. Luego podría dibujar o escribir qué puede hacer a diario para seguir al Señor (sonreír, ser bondadoso, ayudar a los demás, ir a misa, orar).

3. Reúna las huellas finalizadas y exhíbalas en el corredor o alrededor del salón de clases.

Opcional: Los estudiantes mayores pueden componer una oración y anotarla en su huella.

Símbolo de pez

Grados 1–4

Materiales:

Un patrón de pez por estudiante (ver página 7)	Pegamento (glue)
Tijeras (scissors)	Crayones (crayons)

Instrucciones:

1. Reparta a cada uno de los estudiantes un patrón de pez. Deben armar las piezas del patrón de pez y pegarlas.

2. Pídales que, con los crayones, le dibujen escamas al pez. Explíqueles que las escamas de pez representan al pueblo en la Iglesia.

Opcional: Anime a los estudiantes que quieran hacerlo a dibujar caras en las escamas del pez o a colorearlas de diferentes colores.

Patrón para símbolo de pez

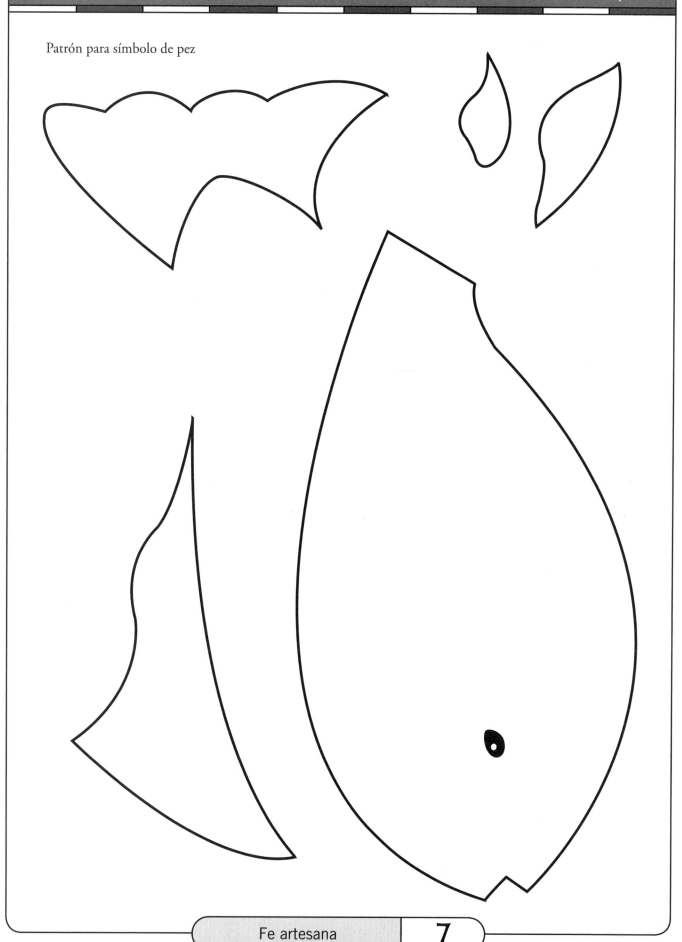

Mural de nuestras raíces

Grados 1–8

Materiales:

Rollo de papel tapiz o papel de periódico en blanco (shelf paper, newsprint)	Crayones o pintura (crayons, paint)
Pinceles (brushes)	Papel de periódico (newspapers)

Instrucciones:

1. Pida a los estudiantes que exhiban su historia de la Iglesia en forma artística como un mural.

2. Anímelos a incluirse a sí mismos como parte de la Iglesia del mundo actual.

Broches de cruz

Grados 3–8

Materiales:

Varitas de manualidades cortadas en trozos de 2 y de 3 pulgadas (craft stems)	Imperdibles, 1 por niño (safety pins)
Cuentas de plástico, 12 a 15 por niño (pony beads)	

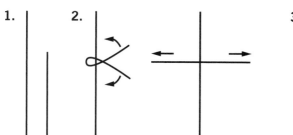

1.

2.

3. & 4.

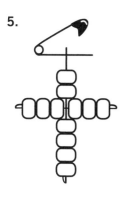

5.

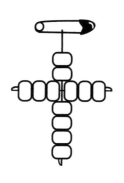

CONEXIÓN CON LA FE

Comente que los misioneros llevan el Evangelio de Jesús a muy diversas tierras. Explique que todos somos llamados a compartir la misión de la Iglesia al llevar el mensaje de Jesús por dondequiera que vayamos. Invite a los niños a hacer unos broches de cuentas en forma de cruz para que recuerden llevar a Jesús por donde vayan.

Instrucciones:

1. Dé a cada niño una varita de manualidades de 2 pulgadas y una de 3 pulgadas.

2. Deben enroscar las dos varitas en forma de cruz.

3. Ensartar tres cuentas en cada "brazo" de la cruz y luego colocar por lo menos seis cuentas en el poste central de la cruz.

4. Para asegurar las cuentas, doblar las puntas de las varitas hacia adentro y alrededor de las cuentas finales.

5. Doblar el extremo superior de la varita central de la cruz alrededor del imperdible.

Grullas de la paz

Grados 3–8

Materiales:

Una hoja cuadrada de papel por niño
(sheet of paper)

Instrucciones:

1. Comenzar con una hoja cuadrada de papel.

2. Doblar el cuadrado por la mitad diagonalmente, formando un triángulo.

3. Doblar el triángulo por la mitad, de tal modo que la esquina A se junte con la esquina B. Hacer un pliegue marcado a lo largo del doblez. Quedarán dos triángulos: A y B.

4. Sostener el triángulo B con la palma de una mano. Colocar la otra mano dentro del triángulo A y abrirlo como un bolsillo.

5. Doblar hacia abajo la esquina A (parte superior del bolsillo) para juntarla con la esquina C (base del bolsillo). Aplanar el bolsillo para crear una figura de rombo.

6. Voltear el papel y repetir el doblez del bolsillo con el triángulo B. Deben quedar dos rombos, uno encima del otro.

7. Con las puntas abiertas hacia uno, doblar las dos esquinas de la capa superior, de tal modo que los bordes inferiores queden alineados con la línea central del papel. Ver el diagrama.

8. Voltear el papel y repetir del otro lado. Al terminar este paso, debe quedar un pequeño papalote.

9. Doblar hacia abajo el pequeño triángulo de la parte superior del papalote, primero de un lado y luego del otro. Hacer un pliegue bien marcado en ambos lados.

10. Deshacer los dobleces hechos en los pasos 7, 8 y 9. Deberá quedar el rombo del paso 6, solo con los pliegues visibles de los pasos 7, 8 y 9.

11. Jalar hacia arriba la capa superior en el punto G, como si se abriera el pico de un pájaro. Al abrir el pico, doblar hacia adentro los lados E y F de tal modo que se junten en la mitad, con el punto G en la parte superior. Aplanar hasta formar un rombo alargado. Ver el diagrama.

12. Voltear el papel y repetir del otro lado. La parte inferior del rombo debe verse como un par de patas.

CONEXIÓN CON LA FE

Explique que, según una leyenda japonesa, aquel que logre hacer mil grullas de papel verá cumplido un deseo. Desde el bombardeo a Hiroshima en 1945, las grullas de papel se han convertido en un símbolo internacional del deseo por la paz. Señale que Jesús dijo a sus apóstoles: "La paz les dejo, les doy mi paz", y que, si queremos la paz en el mundo, debemos compartir la paz de Cristo con los demás.

13. Abrir el lado de una de las patas. Elevar el punto H doblando la pata hacia arriba y volteando el pliegue hacia afuera. Aplanar la pata.

14. Repetir este paso con el otro lado.

15. Plisar uno de los puntos para hacer la cabeza de la grulla.

16. Abrir las alas para que la grulla quede lista.

17. Para hacer que la grulla bata sus alas, sostener los dos puntos más bajos del cuerpo y jalarlos hacia afuera con delicadeza.

1.

2.

3.

pliegue

4.
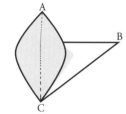

5.
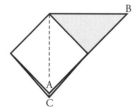

6.
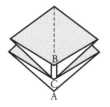

7.

8.

9. doblez
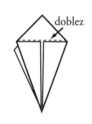

10. D
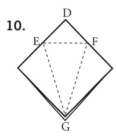
G

11. G

H

12. G
E F
H

13. G H
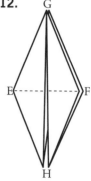
E

14.
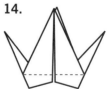

15. plisado
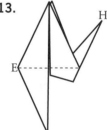

16.
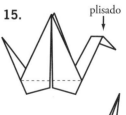

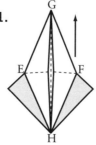

Collage de rostros

Grados 1–8

Materiales:

Revistas viejas (magazines)	Marcadores (magic markers)
Tijeras (scissors)	Reglas (rulers)
Pegamento (glue)	Lápices (pencils)
Cartulina de colores (construction paper)	

CONEXIÓN CON LA FE

Recuerde a los niños que somos la Iglesia, el Pueblo de Dios.

Instrucciones:

1. Invite a los niños a buscar y recortar rostros de personas en revistas viejas.

2. Deben pegar los rostros en una hoja grande de cartulina.

3. Escriba "Somos la Iglesia" en la parte superior para los grados 1 y 2. (Algunos niños menores quizá sean capaces de escribir el rótulo por sí mismos).

4. Dirija a los niños mayores a colocar los rostros siguiendo la forma de un símbolo que represente a la Iglesia. Podrían dibujar primero su propio símbolo o una iglesia y acomodar los rostros dentro del símbolo. (Ver el ejemplo).

5. Deben recortar el símbolo con los rostros y pegarlo en una hoja de cartulina más grande de un color que contraste.

6. Pídales que escriban "Somos la Iglesia" en la hoja más grande de cartulina.

El Bautismo de Jesús: Móvil de paloma

Grados 1–4

Materiales:

Plato de cartón, 1 por estudiante (paper plate)	Pegamento (glue)
Lápiz (pencil)	Perforadora (hole punch)
Tijeras (scissors)	Estambre (yarn)
Espuma de embalaje o motas de algodón (packing peanuts, cotton balls)	Patrón para paloma (ver página 14)

CONEXIÓN CON LA FE

Lea la historia de la Biblia sobre el bautismo de Jesús (Mateo 3:13–17). Comente que la historia nos cuenta que el Espíritu Santo descendió sobre Jesús como una paloma, y que la paloma ha llegado a ser vista como un símbolo del Espíritu Santo.

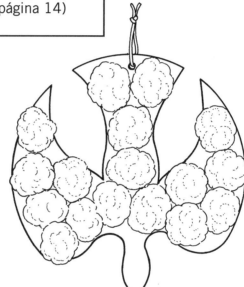

Instrucciones:

1. Guiándose por la ilustración de la página 14, trazar con lápiz una figura de paloma sobre el plato de cartón. Recortar la figura de paloma.

2. Pegar espuma de embalaje o motas de algodón en el cuerpo de la paloma.

3. Perforar un agujero en la cola de la paloma y atarle un trozo de estambre para colgarla como móvil.

4. Dar gracias a Dios por su Bautismo.

5. Sugerencias adicionales:

   • Usar la paloma en las lecciones sobre el arca de Noé o Pentecostés.

   • Escribir la fecha del bautismo de cada niño en la paloma. Colgarla en su habitación como recordatorio del día en que se convirtió en hijo de Dios en el Bautismo.

   • Recubrir la paloma con estambre blanco o trozos de papel de seda blanco estrujado.

Patrón para móvil de paloma

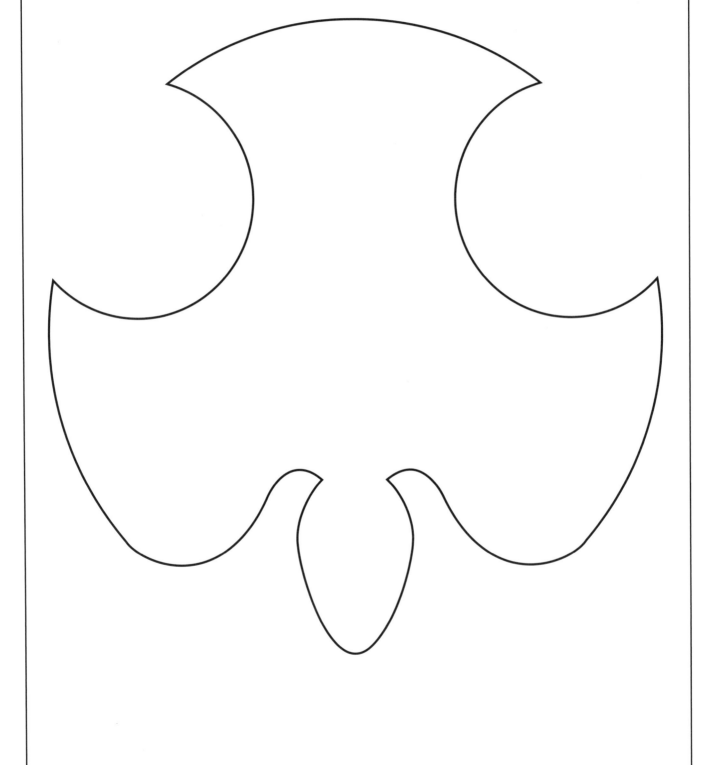

Móvil del Bautismo

Grados 1–4

Materiales:

Cartón (cardboard)	Pegamento (glue)
Patrones para móvil de los símbolos bautismales (ver página 16)	Cinta adhesiva de celofán (cellophane tape)
Tijeras (scissors)	Colgador (coat hanger)
Cartulina (construction paper)	Perforadora (paper punch)
Hilo o estambre (thread, yarn)	Lápices (pencils)

Es posible que necesite asistentes para realizar este proyecto.

Antes de comenzar:

Doble una hoja grande de cartulina azul por la mitad para hacer el símbolo del agua con el que se recubrirá el colgador. En el borde abierto de la cartulina, dibuje o recorte olas. Pegue el símbolo del agua rodeando el colgador con las olas hacia arriba. Prepare conjuntos de símbolos bautismales hechos de cartón para que los estudiantes tracen.

Instrucciones:

1. Trazar los símbolos de cartón sobre cartulina.
2. Recortar los símbolos.
3. Perforar un agujero en cada símbolo.
4. Con cinta adhesiva o pegamento, adherir tiras de estambre o de hilo de diversas longitudes a cada símbolo.
5. Colgar los símbolos de la vela, la bata y el óleo del símbolo del agua.
6. Enlazar una tira de estambre a través de la parte superior del marco del agua para colgarlo.
7. Atar símbolos de diversas longitudes al símbolo del agua (colgador).

Patrones para móvil del Bautismo

Grados 1–4 y 5–8

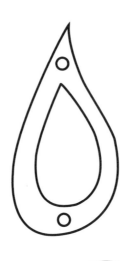

Móvil del Bautismo

Grados 5–8

Materiales:

Patrones de móvil de los símbolos bautismales (ver página 16)	Tijeras (scissors)
Cartón (cardboad)	Perforadora (paper punch)
Hilo o estambre (thread, yarn)	Papel de seda de colores: azul para el agua, amarillo para el óleo, dorado o anaranjado para la vela, blanco para la prenda de vestir (tissue paper)

CONEXIÓN CON LA FE

Pregunte a los niños si alguna vez han visto un Bautismo e invítelos a comentar sus experiencias. Explique que los cuatro símbolos del Bautismo son el agua, el óleo, el fuego y una prenda blanca.

Instrucciones:

1. Trazar sobre cartón dos conjuntos de símbolos del sacramento del Bautismo.

2. Recortar los patrones para cada símbolo que serán pegados unos a otros más adelante.

3. Recortar el centro de cada símbolo, dejando una abertura en la mitad para el papel de seda.

4. Acentuar y decorar el interior de los símbolos con papel de seda de distintos colores.

5. Pegar el papel de seda a uno de los símbolos y luego colocar encima la pareja idéntica.

6. Reforzar el símbolo del agua en el colgador con una tira de cartón en la base. Después, colgar los demás símbolos al símbolo del agua.

Mi cumpleaños como cristiano

Grados 5–8

Materiales:

Certificado de Mi cumpleaños como cristiano, 1 por estudiante (ver página 19)	Bolígrafos o lápices (pens, pencils)

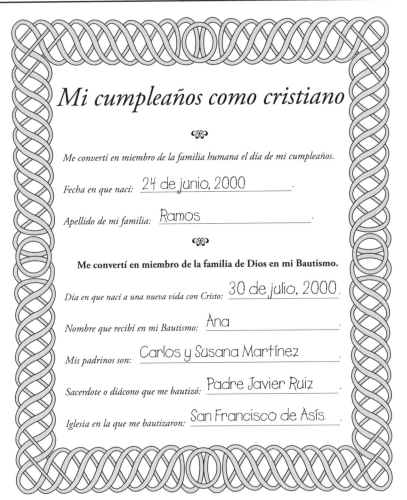

Mi cumpleaños como cristiano

Me convertí en miembro de la familia humana el día de mi cumpleaños.

Fecha en que nací: 24 de junio, 2000

Apellido de mi familia: Ramos

Me convertí en miembro de la familia de Dios en mi Bautismo.

Día en que nací a una nueva vida con Cristo: 30 de julio, 2000

Nombre que recibí en mi Bautismo: Ana

Mis padrinos son: Carlos y Susana Martínez

Sacerdote o diácono que me bautizó: Padre Javier Ruiz

Iglesia en la que me bautizaron: San Francisco de Asís.

Instrucciones:

1. Reparta copias del certificado de Mi cumpleaños como cristiano a los estudiantes.

2. Invítelos a anotar los datos que puedan por su cuenta. Pídales que lleven la actividad a casa para que sus padres o custodios les ayuden a completar los datos que falten.

3. Anímelos a compartir su trabajo durante la próxima clase.

Patrón para certificado de Mi cumpleaños como cristiano

Mi cumpleaños como cristiano

❦

Me convertí en miembro de la familia humana el día de mi cumpleaños.

Fecha en que nací: _____.

Apellido de mi familia: _____.

❦

Me convertí en miembro de la familia de Dios en mi Bautismo.

Día en que nací a una nueva vida con Cristo: _____.

Nombre que recibí en mi Bautismo: _____.

Mis padrinos son: _____

Sacerdote o diácono que me bautizó: _____.

Iglesia en la que me bautizaron: _____.

Vela bautismal

Grados 1–4

Materiales:

Una vela votiva o vela blanca de bajo costo por estudiante (votive candle, taper)	Lentejuelas o brillantina (sequins, glitter)
Pegamento (glue)	

CONEXIÓN CON LA FE

Dé a cada estudiante una vela. Comente que esa vela representa la vela bautismal que simboliza la luz de Cristo.

Instrucciones:

1. Pida a los estudiantes que decoren sus velas con lentejuelas de distintos colores o que las hagan rodar sobre brillantina.

2. Cuando los estudiantes lleven su vela a casa, deberán colocarla en un candelero. Sugiérales que usen la vela para celebraciones familiares especiales o que la enciendan durante la oración antes de las comidas.

Conchas de mar decoradas

Grados 3–8

Materiales:

Conchas de mar limpias (seashells)	Pinceles (brushes)
Témperas (tempera paint)	Papel de periódico (newspapers)
Jabón líquido (liquid soap)	Recipientes para la pintura (containers)

CONEXIÓN CON LA FE

Comente que los sacerdotes y diáconos suelen usar una concha de mar para verter el agua bautismal sobre la cabeza del que está siendo bautizado.

17 de octubre
1999
Camila

Instrucciones:

1. Mezcle unas pocas gotas de jabón líquido en la témpera. El jabón ayudará a que la pintura se adhiera a la concha de mar.

2. Pida a los estudiantes que, en el exterior de la concha de mar, escriban con témpera su nombre y fecha de Bautismo.

3. Anímelos a pintar una escena apropiada en el interior de la concha.

Mosaicos de conchas de mar

Grados 1–3

Materiales:

Conchas de mar de diversos tamaños (seashells)	Cuchara grande para revolver (spoon)
Yeso blanco (de venta en ferreterías) (plaster of Paris)	Platillos plásticos para maceta (saucers)
Recipiente para mezclar (containers)	

> ### CONEXIÓN CON LA FE
>
> *Comente que los sacerdotes y diáconos suelen usar una concha de mar para verter el agua bautismal sobre la cabeza del que está siendo bautizado.*

Instrucciones:

1. Puesto que el yeso se seca muy rápido, anime a los niños a planear su diseño extendiendo las conchas sobre una superficie dura con el diseño que quieran. Para que los diseños sean sencillos, dé a cada niño un número limitado de conchas.

2. Mezclar el yeso según las instrucciones del empaque.

3. Verterlo en los platillos plásticos.

4. Colocar las conchas en el yeso vertido.

5. Dejar que se seque, por lo general unos 30 minutos dependiendo de la humedad y de la temperatura.

Nota: Trabaje con pocos niños a la vez puesto que el yeso se seca muy rápido y no permite hacer cambios como sí ocurre con otros medios.

Bendición del agua bautismal

Grados 1–8

Materiales:

Recipiente transparente (bowl)	Cinta (ribbon)
Agua (water)	Marcador de tinta permanente (permanent marker)
Concha de mar (seashell)	

"Feliz Bautismo"

Instrucciones:

1. Planee una fiesta bautismal con pastel y globos para los niños de la clase. Canten "Feliz Bautismo" con la melodía de "Feliz cumpleaños". Esta actividad se puede realizar en enero, durante la Fiesta del Bautismo del Señor.

2. Use agua para decir una oración especial. Ponga un recipiente transparente con agua en el centro del grupo. Haga circular el agua y pida a cada niño que hunda sus dedos en el agua y toque su frente, diciendo: "Dios, bendice mi cabeza"; que toque sus labios, diciendo: "Dios, bendice mis labios"; y que toque su corazón, diciendo: "Dios, bendice mi corazón. Amén".

3. Reúna una concha de mar por niño. Comente que la concha suele ser un símbolo del agua que se usa en el Bautismo. Escriba el nombre de cada niño en la concha como recordatorio de su Bautismo. De ser posible, perfore un agujero en cada concha y pídales que pasen una cinta por el agujero para colgarla. Pueden pegarle a la cinta una pequeña tira de papel que diga: "Dios te bendiga y te proteja por siempre" o "Eres hijo de Dios".

Libro bautismal

Grados 1–5

Materiales:

Dos hojas de cartulina por niño (construction paper)	Papel de aluminio (aluminum foil)
Fotos del Bautismo de cada niño	Vela (candle)
Marcadores (markers)	Cinta o tela blanca (ribbon, fabric)

> ### CONEXIÓN CON LA FE
> *A través de la vida cotidiana, los niños se van familiarizando con muchos de los símbolos del Bautismo. Estos libros bautismales los ayudarán a hacer importantes conexiones entre sus experiencias y una comprensión inicial de los símbolos de este sacramento.*

Instrucciones:

1. Doble dos hojas de cartulina juntas por la mitad para crear las siguientes páginas a medida que hablan sobre el Bautismo.

    Portada: Una foto del Bautismo de cada niño. Comenten por qué las familias deciden bautizar a sus hijos.

    Página 1: Pida a los niños que recorten gotas de papel de aluminio para simbolizar el agua. Anímelos a hacer un diseño pegándolas en la página. Comenten todas las cosas maravillosas que hace el agua, como enfriarnos, limpiarnos y refrescarnos. Explique que Dios nos proporciona esto y mucho más.

    Página 2: Con cuidado, encienda una vela lejos de los niños. A la vista de ellos, coloque unas cuantas gotas de cera de la vela en la página. Comente que sólo un adulto debe encender velas porque la llama puede causar quemaduras. Cuando la cera se seque por completo, permita a los niños que la toquen con delicadeza. Explique que durante la ceremonia del Bautismo, se les pide a los padres y padrinos que sostengan una vela para recordarles la luz que Dios trae a su vida.

    Página 3: Pida a los niños que dibujen varias caritas sonrientes. Comente que la comunidad se reúne para orar en señal de apoyo y bienvenida a sus más recientes miembros.

    Página 4: Pídales que dibujen una Biblia abierta o que peguen palabras individuales recortadas de un periódico. Muestre una Biblia. Explique que al celebrar el Bautismo, compartimos la Palabra de Dios.

    Página 5: Pídales que peguen un trozo de tela blanca. Explique que en el Bautismo se usa una prenda blanca para recordarnos que somos hijos de Dios.

2. Cuando los libros estén listos, invite a los niños a llevarlos a casa y compartir lo que han aprendido con su familia.

Caja de frutos del Espíritu Santo

Grados 6–8

Materiales:

Caja con tapa, 1 por estudiante (box)	Papel de periódico (newspapers)
Ilustraciones de revistas y/o revistas (magazine pictures)	Pinceles (paint brushes)
Materiales de arte (crayones, marcadores, acuarelas)	Tijeras (scissors)
Pegamento (glue)	

Antes de comenzar:

A menos que las cajas sean nuevas, es recomendable pintar las cajas y las tapas por dentro y por fuera con pintura de látex blanca.

Instrucciones:

1. Dé a cada estudiante una caja con tapa.

2. Haga una lista en la pizarra de los frutos del Espíritu Santo:

caridad	**benignidad**
gozo	**mansedumbre**
paz	**fidelidad**
paciencia	**modestia**
longanimidad	**continencia**
bondad	**castidad**

3. Pida a los estudiantes que peguen en la caja ilustraciones de revistas que simbolicen sus propios frutos del Espíritu Santo.

4. Pueden usar citas de poemas, oraciones, anuncios publicitarios o sus propias palabras para escribir las leyendas de sus creaciones. Permítales explorar y escoger entre opciones.

Molinetes

Grados 1–4

Materiales:

Cartulina de colores (cuadrado de 7 ½ pulgadas) (construction paper)	Engrapadora o pegamento (stapler, glue)
Patrón de molinete (ver página 29)	Lápices (pencils)
Pajillas de plástico (straws)	Tijeras (scissors)
Perforadora (hole punch)	Pasadores o sujetadores para papel (paper fasteners, pins)

CONEXIÓN CON LA FE

El viento es una idea que nos puede ayudar a entender la presencia del Espíritu Santo. La Biblia habla del Espíritu Santo en los símbolos del fuego y del viento. El viento no puede ser visto y, sin embargo, su efecto es muy real. El Espíritu Santo es la presencia de Dios en nosotros. A medida que los estudiantes hacen los molinetes y los ven girar con el viento, recuérdeles que el Espíritu Santo se está moviendo en su corazón.

Instrucciones:

1. Trazar el patrón para el molinete sobre un cuadrado de cartulina de color y recortarlo. Doblar con delicadeza cada sección de la punta al centro y engrapar o pegar las cuatro puntas en el centro.

2. Perforar un agujero en el centro del molinete y en la punta superior de la pajilla con el fin de insertar un pasador para papel a través de ambos. Abrir los dientes del pasador al reverso de la pajilla para asegurarla al mismo. Se pueden usar sujetadores en lugar de pasadores.

Patrón para molinete

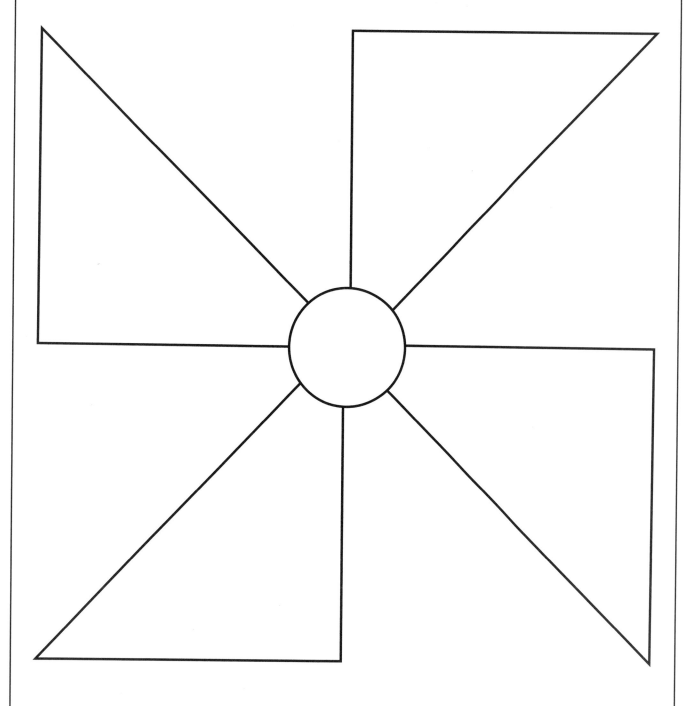

Móvil de papel del Espíritu Santo

Grados 1–8

CONEXIÓN CON LA FE

Repase con los niños dos símbolos del Espíritu Santo que vienen a nosotros de la Escritura: una paloma (Mateo 3:16) y las lenguas de fuego (Hechos de los Apóstoles 2:3).

Materiales:

Piezas de cartón con el patrón del Espíritu Santo (ver página 31)	Tijeras (scissors)
Cartoncillo blanco (poster board)	Lápices (pencils)
Cartulina roja (construction paper)	Perforadora (paper punch)
Estambre o cordel blanco (yarn, string)	Engrapadora o cinta adhesiva de celofán (stapler, cellophane tape)
Aro pequeño de plástico (opcional) (plastic ring)	

Es posible que necesite asistentes para ayudar a los niños menores con este proyecto.

Antes de comenzar:

Prepare una cantidad adecuada de patrones de cartón para el móvil del Espíritu Santo. Para los estudiantes menores, podría recortar con anticipación los símbolos de la paloma en cartoncillo blanco. Marque con una pequeña "x" los puntos donde los estudiantes deben perforar los agujeros. Después, proceda con el paso 3 durante la clase.

Instrucciones:

1. Trazar el patrón de la paloma en cartoncillo blanco. Marcar con una "x" los puntos donde deben ir los agujeros.

2. Recortar la paloma y perforar los agujeros.

3. Trazar siete "lenguas de fuego" o llamas (ver patrón en la página 31) sobre cartulina roja y recortarlas.

4. Atar tiras de estambre de distintos largos (6 a 8 pulgadas) al símbolo de la paloma del Espíritu Santo.

5. Engrapar o pegar con cinta adhesiva una llama a cada tira de estambre.

6. Atar una tira de estambre de 8 pulgadas de largo a la parte superior de la paloma. Hacer un lazo y anudarlo. Se podría atar un aro de plástico pequeño a la parte superior para colgar el móvil.

Opcional: Pida a los estudiantes que escriban un don del Espíritu Santo (sabiduría, consejo, ciencia, entendimiento, fortaleza, piedad, temor de Dios) en cada llama.

Patrón para móvil de papel del Espíritu Santo
Grados 1–8

Móvil en fieltro del Espíritu Santo

Grados 5–8

Materiales:

Piezas de cartón del patrón del Espíritu Santo, 1 por estudiante	Pegamento blanco (glue)
Tijeras (scissors)	Lápices (pencils)
Fieltro blanco (felt)	Aro blanco de plástico, 1 por estudiante (plastic ring)
Fieltro rojo (felt)	Perforadora (paper punch)
Estambre o cordel blanco (yarn, string)	

CONEXIÓN CON LA FE

Repase con los niños dos símbolos del Espíritu Santo que vienen a nosotros de la Escritura: una paloma (Mateo 3:16) y las lenguas de fuego (Hechos de los Apóstoles 2:3).

Antes de comenzar:

Prepare patrones de cartón para la paloma y las "lenguas de fuego" (llamas). Haga un móvil de modelo.

Instrucciones:

1. Trazar dos palomas sobre fieltro blanco siguiendo los patrones de cartón.

2. Recortar y pegar las dos palomas de fieltro a la paloma de cartón, una a cada lado. (Al poner el cartón entre las dos figuras de fieltro, la paloma será más resistente).

3. Dejar la paloma a un lado para que se seque.

4. Trazar el patrón de "lenguas de fuego" (llamas) sobre fieltro rojo siete veces.

5. Recortar cada llama y perforarle un agujero cerca de la parte superior.

6. Perforar siete agujeros a lo largo de la parte inferior de la paloma y un agujero en la parte superior para colgarla. (Ver colocación de los agujeros en el patrón).

7. Atar una tira de estambre de aproximadamente 7 pulgadas de largo a la parte superior de la paloma. Atar el otro extremo del estambre al aro de plástico para colgarla.

8. Usando tiras de estambre de distintos largos, atar y colgar las llamas a la paloma de tal modo que el móvil quede equilibrado.

Placa de identidad

Grados 5–8

Materiales:

Una hoja de papel blanco de 5 ½ x 8 ½ pulgadas por estudiante (white paper)	Pegamento blanco (white glue)
Cartoncillo (poster board)	Libro sobre el significado de los nombres propios
Marcadores permanentes de punta fina y de punta ancha (permanent markers)	Libro o calendario de santos
Lápices (pencils)	Biblia
Reglas (rulers)	

  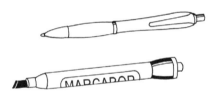

Antes de comenzar:

Busque el significado del nombre de cada estudiante o anote un rasgo positivo de su personalidad que haya observado. Escriba o imprima en una hoja de papel blanco un versículo apropiado de la Biblia que se pegará a la sección inferior de la placa.

Instrucciones:

1. Cubra la mesa y el piso con papel de periódico.

2. Pida a los estudiantes que ensayen el diseño de su nombre propio en trozos de papel.

3. Trazar tenuemente a lápiz líneas paralelas (de 1 a 1 ½ pulgadas entre una y otra) en la hoja de papel blanco para escribir el nombre. Escribir el significado del nombre a media pulgada por debajo del nombre. Dejar un espacio de media pulgada entre el nombre y su significado.

4. Escribir tenuemente a lápiz el nombre en el espacio superior de 1 a 1 ½ pulgadas. Centrarlo, dejando suficiente espacio para un marcador de punta ancha.

5. Saltarse el siguiente espacio de media pulgada.

CONEXIÓN CON LA FE

Dios nos llama por nuestro nombre. Este proyecto afirma la identidad de cada estudiante como hijo de Dios que ha sido llamado por su nombre como alguien especial y precioso para Dios.

*Existen varios libros que exploran el significado de los nombres propios, como **Los nombres,** por Emilio Salas (Ediciones Robinbook, 1995).*

Busque el significado del nombre de cada estudiante o anote un rasgo positivo de la personalidad del estudiante para vincularla a su nombre, como leal, noble o sincero. Asigne un versículo especial de la Biblia a cada estudiante que le dé fortaleza.

Este es un proyecto de dos partes. Los estudiantes preparan sus nombres en una sesión y terminan la placa en la siguiente sesión.

6. Escribir tenuemente a lápiz una característica o significado del nombre del estudiante en el espacio de media pulgada. Centrarlo con cuidado. En esta parte se usará el marcador de punta fina.

7. Reteñir con marcadores las líneas a lápiz. Usar marcadores de punta ancha para el nombre y marcadores de punta fina para la característica del nombre.

8. Pegar el papel blanco con el nombre al cartoncillo para formar la placa.

9. Pegar un versículo apropiado de la Escritura en la parte inferior de la placa.

ANA

COMPASIVA

"Porque el Señor, tu Dios, es un Dios compasivo".

–Deuteronomio 4:31

Manos trazadas

Grados 1–4

Materiales:

Una hoja de papel cartoncillo blanco, de papel de construcción o fieltro de 5 ½ x 8 ½ pulgadas para cada niño (white paper)	Marcadores u otros materiales para decorar (markers)
Lápices o plumas (pencils or pens)	Tijeras (scissors)

CONEXIÓN CON LA FE

Cuando nos reunimos para celebrar la liturgia compartimos el Cuerpo de Cristo. Es importante que compartamos con los que nos rodean para ser personas generosas y cariñosas que se preocupan por los demás. Las manos que vamos a trazar pueden mostrar cómo, fortalecidos por la Eucaristía, podemos llegar a las demás personas.

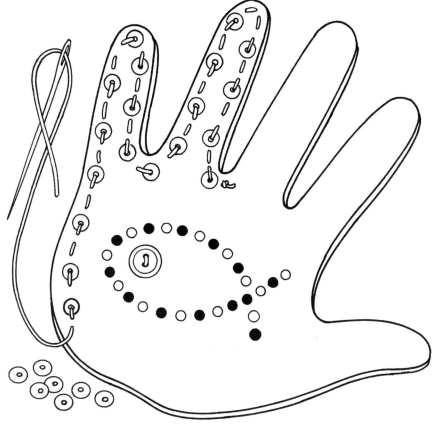

Instrucciones:

1. Dé a cada estudiante una hoja de papel, cartulina o fieltro.

2. Pida a los estudiantes que tracen sus manos en la hoja de papel, cartulina o fieltro.

3. Recorten las manos trazadas.

4. Decoren las manos recortadas, utilizando marcadores u otros materiales. Los estudiantes pueden escribir sus versículos preferidos de la Biblia u oraciones favoritas como parte de la decoración.

5. Anime a los estudiantes a acercarse a otras personas y a dar sus manos trazadas a dos personas que ellos elijan.

 20 minutos

Cubo cuenta-historias

Grados 1–4

Materiales:

Cartoncillo o papel de construcción (poster board)	Tijeras (scissors)
Patrón para el cubo (ver la página 37)	Crayones o lápices de colores (crayons, drawing pencils)
Pegamento (glue)	

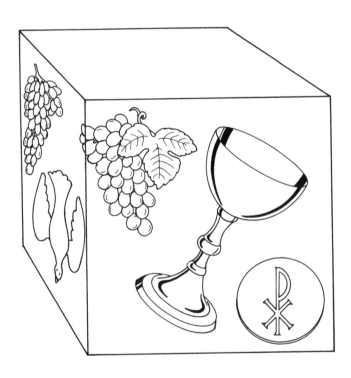

Antes de comenzar:

Recorte 2 muestras del patrón del cubo para cada estudiante.

Instrucciones:

1. Haga un patrón para un cubo que se parezca al de la ilustración. Las dimensiones pueden variar siempre y cuando cada sección sea cuadrada.

2. Trace el patrón dos veces sobre la cartulina. Recorte las dos piezas.

3. Doble las secciones exteriores de cada pieza. Pegue las caras exteriores del cubo sin ilustraciones dentro del otro cubo previamente decorado.

4. Decore todos los lados de uno de los cubos con símbolos de la Eucaristía, la Última Cena o con otras imágenes que ilustren cómo las personas nutren física o espiritualmente a los demás.

Patrón para el cubo cuenta-historias

Símbolos de la Eucaristía

Placa decorada

Grados 1–4

Materiales:

Dos platos de papel de 9 pulgadas por estudiante (paper plates)	Flores artificiales o materiales naturales como piedrecillas y semillas
Cartulina (construction paper)	Crayones (crayons)
Estambre (yarn)	Lápices (pencils)
Perforadora (paper punch)	Tijeras (scissors)
Pegamento (glue)	

Puede que necesite ayudantes para realizar este proyecto.

CONEXIÓN CON LA FE

Explique que para los católicos, la Eucaristía es el centro de nuestras vidas y que tenemos muchos símbolos para representarla.

Antes de comenzar:

Haga agujeros equidistantes alrededor del plato de papel a un cuarto de pulgada del borde.

Instrucciones:

1. Pida a los estudiantes que coloreen diferentes símbolos de la Eucaristía en la cartulina. Pueden ser símbolos que se les den para trazar o ellos pueden dibujar sus propios símbolos, por ejemplo, el pan y el vino, un chi-rho (en la ilustración), una hostia y un cáliz, la Última Cena.

2. Al terminar de colorear los símbolos, deben recortarlos.

3. Peguen el símbolo de la Eucaristía en el centro del plato. Pueden pegar semillas, piedras u otros elementos decorativos alrededor del símbolo de la Eucaristía para decorar el plato.

4. Pasen el estambre por los agujeros alrededor del plato, dejando suficiente estambre en los extremos para poder colgar el plato.

Imanes con símbolos de la fe

Grados 1–8

Materiales:

Fieltro o cartulina (felt)	Pegamento (glue)
Tijeras (scissors)	Tiras magnéticas (magnetic strips)
Crayones, lápices de colores o marcadores (crayons, pencils)	

CONEXIÓN CON LA FE

Explique que el cristianismo tiene muchos símbolos y que este proyecto les permitirá a los estudiantes crear algunos ejemplos.

Instrucciones:

1. Dé a cada estudiante una pieza de fieltro o de cartulina.

2. Pida a los estudiantes que dibujen una barra de pan en miniatura, una tajada de pan o una galleta.

3. Recorten los símbolos del pan que los estudiantes han dibujado.

4. Decoren los símbolos utilizando los crayones, los lápices de colores o los marcadores. Puede que los estudiantes quieran aãdir el símbolo de la cruz a sus dibujos.

5. Use pegamento para pegar la tira magnética a la parte de atrás de los símbolos del pan. Tal vez desee añadir un versículo de la Biblia a cada uno.

6. Pida a los estudiantes que lleven los imanes a sus casas y los pongan en la nevera. Los estudiantes pueden hacer imanes extras para darlos como regalos.

Opcional: Los estudiantes pueden dibujar otros símbolos del amor de Dios (como el chi-rho, una cruz, una paloma, etcétera).

Mantel decorado con manos trazadas para la celebración de la Primera Comunión

Grados 2–4

Materiales:

1 o más sábanas de tamaño grande o de tamaño apropiado para el altar (sheets)	Bandejas planas de aluminio y rodillos de espuma para pintar (foils pans, foam paint rollers)
Pintura o marcadores para tela de diferentes colores (fabric paint, fabric pen markers)	Agua y toallas de papel para limpiar (water, paper towels)

Instrucciones:

1. Prepare, o pida a un voluntario que prepare, una tela apropiada para ser utilizada en el altar durante la celebración de su Primera Comunión. Puede que sea necesario unir varias sábanas.

2. Determinen qué símbolo o emblema —por ejemplo, un cáliz— van a utilizar para el centro del mantel y cubran esa área para protegerla.

3. El día que vayan a realizar la actividad, prepare una zona donde el mantel pueda extenderse. Ponga pequeñas cantidades de pintura de diferentes colores en bandejas diferentes.

4. Pida a cada niño que elija un color. Enséñeles cómo colocar sus manos en la pintura, con las palmas hacia abajo y extendidas. Inmediatamente presione las manos del niño en el mantel y manténgalas así durante 2 o 3 minutos. Escriba el nombre del niño cerca de las huellas de sus manos.

5. Cuando la pintura esté seca, pinte el símbolo elegido en el centro del mantel. Si quiere, añada una cinta alrededor del mantel para terminar de decorarlo.

Cruz para decorar con estambre

Grados 1–4

Materiales:

1 hoja de cartoncillo de 5 x 8 pulgadas por estudiante (poster board)	Pegamento (glue)
Estambre grueso de colores (colored yarn)	Perforadora (hole punch)
Tijeras (scissors)	Regla (ruler)
Papel de periódico (newspaper)	

> ### CONEXIÓN CON LA FE
> *Jesús murió en la cruz para perdonar nuestros pecados. Durante el sacramento de la Reconciliación celebramos este perdón.*

Antes de comenzar:

Corte el cartoncillo. Corte el estambre en trozos de unas 12 pulgadas para los Grados 1 y 2. Perfore agujeros en la parte de arriba de la cruz y añada estambre para colgar la cruz.

Instrucciones:

1. Pida a los estudiantes que tracen el patrón de una cruz grande y sencilla en el cartoncillo. (Revise y asegúrese de que sea lo suficientemente grande). Pueden usar una regla si así lo desean.

2. Corten un hilo de estambre de unas 12 pulgadas de largo.

3. Aplique pegamento en el lado vertical de la cruz.

4. Empezando por el borde exterior de la cruz pegue el estambre al cartoncillo, siguiendo el perímetro de la cruz hasta cubrir toda el área interior. Corte el estambre sobrante o añada el que sea necesario hasta que el área vertical de la cruz esté completamente cubierta.

5. Rellene con estambre la barra horizontal de la cruz utilizando el mismo método. Puede hacer los dos lados por separado o pegar estambre sobre la barra vertical.

6. Perfore dos agujeros en la parte superior de la cruz y pase un pedazo de estambre a través de ellos para poder colgar la cruz. Haga nudos en el estambre detrás de cada agujero para que este no se salga.

Patrón de la cruz para decorar
con estambre

Árbol de las obras de misericordia

Grados 1–4

Materiales:

1 Lata de café (coffee can)	Una rama de árbol sin hojas (tree branch)
Papel de regalo (wrapping paper)	Estambre (yarn)
Pegamento (glue)	Perforadora (paper punch)
Yeso (plaster of paris)	

Es posible que necesite dos ayudantes para realizar este proyecto.

 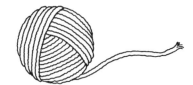 

> **CONEXIÓN CON LA FE**
>
> *Explique que las obras de misericordia corporales y espirituales son formas concretas de mostrar nuestro amor por las personas que nos rodean.*

Instrucciones:

1. Cubra la lata de café con papel de regalo.

2. Llene la lata con yeso. Introduzca la rama en la pasta y manténgala derecha.

3. Pida a los estudiantes que elaboren libritos con el papel de regalo y escriban la promesa de realizar una obra de misericordia dentro de cada librito. (Necesitará uno o dos ayudantes para ayudar a los más pequeños a escribir).

4. Escriba las obras de misericordia espirituales y corporales en la pizarra:

Obras de misericordia corporales:	Obras de misericordia espirituales:
Dar de comer al hambriento	Enseñar
Dar techo a quien no lo tiene	Aconsejar
Vestir al desnudo	Consolar
Visitar a los enfermos y a los presos	Confortar
Dar limosna al pobre	Perdonar
Enterrar a los muertos	Sufrir con paciencia

5. Haga un agujero en cada librito. Utilizando estambre, ate cada libro al árbol.

6. Ayude a los estudiantes a realizar sus obras de misericordia sugiriéndoles que hagan un árbol de "promesas" en su casa.

7. Este proyecto puede ser llevado a la liturgia y presentado como el regalo de los estudiantes.

La cruz de Jesús

Grados 1–8

Materiales:

Ramitas, 2 por estudiante (twigs)	Alambre o cinta adhesiva (wire, masking tape)
Estambre de color café (yarn)	

> ### CONEXIÓN CON LA FE
> *Explique a los niños que existe un himno tradicional crisitiano que se llama "La cruz de Jesús", y que hoy ellos van a diseñar una cruz.*

Instrucciones:

1. Una con cinta o alambre las dos ramitas para formar una cruz.

2. Envuelva totalmente las ramitas con estambre de color café.

Más ideas para elaborar cruces:

Cruz de tela: Recorte un retazo de tela en forma de cruz. Pegue la cruz a una pieza de fieltro, de yute o de cartulina.

Cruz hecha con papel tapiz: Utilice restos de muestras de papel tapiz. Elija un diseño (estampados pequeños quedan bien). Recorte el papel pintado en forma de cruz. Pegue la cruz al yute, fieltro o cartulina.

A cualquiera de las cruces se le puede añadir un versículo de la Biblia, pegándolo al pie o en la parte superior de la cruz.

La cadena del perdón

Grados 1–4

Materiales:

Tiras de papel, 10 o 20 por estudiante (strips of paper)	Plumas, lápices o crayones (pens, pencils)
Cinta adhesiva de papel (masking tape)	

> ### CONEXIÓN CON LA FE
> *Suele resultar difícil para los niños pedir perdón a los demás o perdonar a alguien. Los niños desconocen las palabras que deben decir para pedir perdón o las que deben escuchar para saber que los demás quieren ser perdonados.*

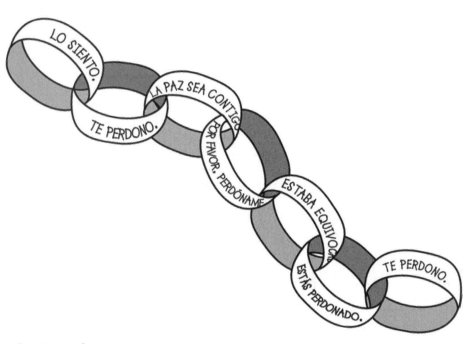

Instrucciones:

1. Hable con los estudiantes sobre cuáles son las palabras que pueden usar para pedir perdón o para perdonar. Las siguientes frases pueden ser útiles:

   Lo siento.   **La paz sea contigo.**

   Por favor, perdóname.   **Estás perdonado.**

   Te perdono.   **Estaba equivocado.**

2. Para ayudar a los estudiantes a recordar estas palabras y frases, enséñeles a hacer cadenas del perdón. Pídales que escriban una frase de perdón en una tira de papel. Deben repetir el proceso con el resto de las frases y tiras de papel. Anímelos a formar eslabones utilizando cinta adhesiva para cerrar cada tira y enlazarlas todas juntas.

3. La cadena terminada es un recordatorio de que tenemos que pedir perdón a los que hemos hecho daño u ofendido con nuestras palabras o acciones. También debemos perdonar a aquellos que nos han ofendido. Puede unir todas las cadenas para exponerlas en la clase.

Ventanas de una iglesia

Grados 5–8

Materiales:

Esponjas (sponges)	Cartoncillo blanco, cualquier tamaño (poster board)
Témperas amarilla-verde y azul-verde (tempera paint)	Pegamento (glue)
Papel negro (black paper)	Rotulador negro (felt-tip pen)
Papel blanco (white paper)	Patrón para las ventanas de la iglesia (windows pattern)

> **CONEXIÓN CON LA FE**
>
> *Explique a los estudiantes que, a menudo, las ventanas de las iglesias tienen imágenes con enseñanzas de nuestra fe. Explíqueles que para el proyecto de hoy van a crear una ventana de iglesia que enseña a los demás.*

"Se había perdido y ha sido encontrado".

Lucas, 15:32

Instrucciones:

1. Moje la esponja en la pintura de témpera amarilla-verde brillante y oprímala con golpecitos suaves por todo el cartoncillo blanco. Repita el proceso con la pintura azul-verde, tiñéndola más oscura en el centro.

2. Recorte dos ventanas idénticas utilizando el patrón adjunto, una blanca y otra negra. Pegue las ventanas sobre el fondo sombreado.

3. Pida a los estudiantes que piensen en historias de la Biblia que les hayan sido enseñadas en el catecismo o clase de religión. Utilizando rotuladores, escriban uno de estos pasajes en la parte de abajo de la ventana.

Nota: Deje un espacio en la parte de debajo del cartoncillo para escribir un pasaje bíblico.

Patrón para ventanas de una iglesia

Folletos de regalo

Grados 1–4

Materiales:

Cartulina (construction paper)	Rotuladores (felt-tip pens)
Sellos de flores o ilustraciones de revistas (flower seals)	Versículo de las Escrituras, chistes, poemas que eleven el espíritu recortados de revistas
Estambre (yarn)	Pegamento (glue)
Tijeras (scissors)	

Antes de comenzar:

1. Recorte la cartulina en secciones de 9 x 6 pulgadas. Use dos secciones dobladas por la mitad para cada folleto.

2. Con una perforadora, haga agujeros cerca del doblez.

Instrucciones:

1. Pasar el estambre a través de los agujeros y atarlo en forma de lazo en el doblez exterior del folleto.

2. Pegar la ilustración de una flor en la cubierta y después pegar alternadamente flores y versículos de las Escrituras en cada página interior para crear el folleto de las Escrituras.

3. Para hacer un folleto de chistes, pegar una caricatura o varios chistes impresos en cada página. Decorar el resto de cada página con caritas sonrientes dibujadas con rotuladores.

CONEXIÓN CON LA FE

El folleto sobre las Escrituras es un excelente regalo para un paciente recluido en un hospicio o en un hospital. El folleto de chistes es apropiado para pacientes cuyo estado de salud sea lo suficientemente bueno como para poder disfrutarlo.

Recuerde a los estudiantes que el sacramento de la Unción de los Enfermos es la señal de que la Iglesia se preocupa por los enfermos y los ancianos. Al obsequiar este folleto, los estudiantes demostrarán que se preocupan por los demás. Invítelos a darle el folleto a un anciano o a una persona enferma que conozcan.

Un abrazo para ti

Grados 1–4

Materiales:

Platos de cartón (paper plates)	Cartulina (construction paper)
Tiras de cartoncillo de 3 x 12 pulgadas (poster board)	Pegamento (glue)
Estambre (yarn)	Cinta adhesiva de papel (masking tape)
Marcadores (markers)	Clips para papel (paper clips)

CONEXIÓN CON LA FE

Salúdense con un "abrazo" santo (adaptado de Romanos 16:16).

San Pablo urgía a los cristianos a saludarse unos a otros con un beso o un abrazo santo. Esta manualidad permitirá enviar un abrazo santo a un paciente recluido en un hospital o a cualquier persona que necesite un gesto de cariño.

Instrucciones:

1. Dibujar con marcadores rasgos faciales en un plato de cartón.

2. Pegar estambre a manera de cabello.

3. Forrar el cartoncillo con papel autoadhesivo o tela decorativa y pegarlo.

4. Recortar un cuello de camisa de tela o de cartulina.

5. Trazar las manos de cada niño sobre cartulina y recortarlas. Pegarlas a cada extremo del cartoncillo forrado.

6. Abrir unos clips y pegarlos al respaldo de cada mano para poder colgar el abrazo.

7. Escribir este mensaje en el espacio que hay de una mano a otra: "¡Un abrazo para ti!".

Porta-lápices con pasaje de la Escritura

Grados 1–4

Materiales:

Frasco de vidrio o lata de café, 1 por estudiante (glass jar, coffee can)	Cartulina (construction paper)
Fotografía de cada niño (photo of each child)	Lápices o bolígrafos (pencils, pens)
Papel autoadhesivo transparente (contact paper)	

Instrucciones:

1. Invite a los niños a hacer un porta-lápices con un frasco o una lata de café.

2. Tome e imprima una foto de cada niño o pida a los niños que traigan fotos de sí mismos.

3. Pídales que hagan un rótulo de cartulina para la lata o el frasco.

4. Pegue con pegamento o cinta adhesiva la foto de cada niño a su respectivo rótulo.

5. Invítelos a escribir pasajes de la Escritura en los rótulos.

6. Asegure los rótulos a la lata o al frasco con papel auto-adhesivo transparente.

Sorpresas de Año Nuevo

Grados 1–8

Materiales:

Citas de salmos (psalm quotes)	Tubo de cartón, como un tubo de papel higiénico (cardboard tube)
Crayones o marcadores (crayons, markers)	Papel de seda (tissue paper)
Caramelos (candy)	Cinta adhesiva, ataduras de alambre o cinta (tape, twist ties, ribbon)

> **CONEXIÓN CON LA FE**
>
> *Indique a los niños cómo hacer estas sorpresas de Año Nuevo para regalarlas a personas que estén enfermas.*

Instrucciones:

1. Distribuya copias de las siguientes citas de los salmos.

   El Señor es justo y bondadoso, nuestro Dios es compasivo (Salmo 116:5).

   Señor, que tu amor descienda sobre nosotros, conforme a la esperanza que tenemos en ti (Salmo 33:22).

2. Invite a los niños a colorear y decorar el mensaje de la Escritura.

3. Pídales que coloquen el mensaje y unos cuantos caramelos dentro del tubo de cartón.

4. Después, ayúdelos a forrar los tubos de cartón con papel de seda, asegurando los extremos con cinta, ataduras de alambre o cinta.

5. Permita a cada niño comerse un caramelo.

6. Pueden decorar los tubos forrados con calcomanías.

7. Cuando terminen, invítelos a llevar sus obsequios al centro de oración.

Collage de anillos matrimoniales

Grados 1–4

Materiales:

Cuadrado de cartón, de aproximadamente 8 pulgadas, 2 por estudiante (cardboard)	Revistas viejas (magazines)
Lápices (pencils)	Tijeras (scissors)
Pegamento o engrudo (glue, paste)	Cinta adhesiva de celofán (cellophane tape)
Patrón para anillo (ver página 55)	

Es posible que necesite asistentes para los estudiantes menores.

> ### CONEXIÓN CON LA FE
> *En el Rito del Matrimonio, un hombre y una mujer intercambian anillos como símbolo de mutuo y eterno amor.*

Antes de comenzar:

Recorte suficiente patrones de anillos para su clase. Podría trazar y recortar el patrón de cartón para los niños menores.

Instrucciones:

1. Trazar el patrón para anillo dos veces sobre cartón. Recortar los dos anillos.

2. Recortar ilustraciones de revistas que muestren diversos aspectos del matrimonio. Algunos ejemplos: una joven pareja en el cine o en un picnic, una boda, una pareja cenando, una pareja en el Bautismo de su bebé o una pareja mayor que sale a caminar.

3. Cubrir la superficie de trabajo con papel periódico para evitar que se ensucie. Pegar las ilustraciones en forma de *collage* dentro de los dos anillos. Dejar secar los *collages*.

4. Recortar uno de los anillos. Después enlazar el uno con el otro y volverlos a pegar con cinta adhesiva.

Patrón para *collage* de anillos matrimoniales

Grados 1–4 y 5–8

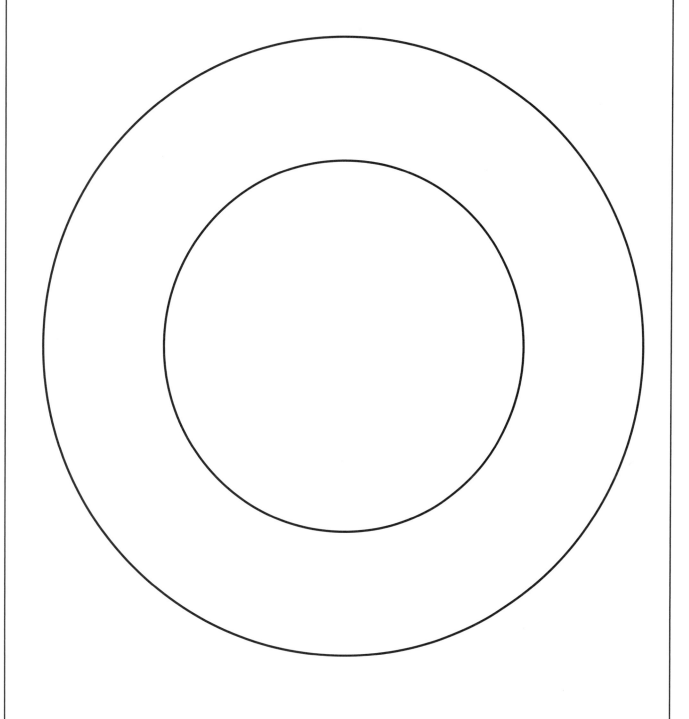

Collage de anillos matrimoniales

Grados 5–8

CONEXIÓN CON LA FE

En el Rito del Matrimonio, un hombre y una mujer intercambian anillos como símbolo de mutuo y eterno amor.

Materiales:

Cuadrado de cartón, aproximadamente de 8 pulgadas, 2 por estudiante (cardboard)	Revistas viejas (magazines)
Lápices (pencils)	Tijeras (scissors)
Pegamento o engrudo (glue, paste)	Papel de periódico (newspapers)
Cinta adhesiva de celofán (cellophane tape)	Papel de aluminio dorado o cartulina amarilla (foil, construction paper)
Patrón para anillo (ver página 55)	

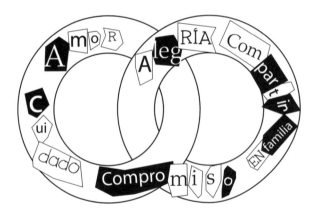

Antes de comenzar:

Recorte suficientes patrones de anillos para su clase. Podría trazar y recortar el patrón de cartón para los niños menores.

Instrucciones:

1. Trazar el patrón para anillo dos veces sobre cartón. Recortar los dos anillos.

2. Trazar el patrón para anillo dos veces sobre papel de aluminio dorado o cartulina amarilla. Recortar los dos anillos.

3. Pegar los anillos de papel dorado o de cartulina en los anillos de cartón.

4. Usando revistas y periódicos, recortar letras y formar palabras que describan diversos elementos del Matrimonio. (Las letras que forman las palabras deben ser de diversos colores, tamaños y estilos).

5. Pegar las letras en los anillos. Estas son algunas palabras que pueden resultar: *amor, compromiso, alegría, compartir* y *cuidar.*

6. Recortar uno de los anillos. Después, enlazar uno con el otro y volverlos a pegar con cinta adhesiva.

Mural del sacerdocio

Grados 1–8

Materiales:

Rollo de papel tapiz o de papel periódico en blanco (shelf paper, newsprint)	Papel de periódico (newspapers)
Crayones, marcadores o pinturas (crayons, markers, paints)	Pinceles (paintbrushes)

> ### CONEXIÓN CON LA FE
> *En el sacramento del Orden, la Iglesia recibe a los sacerdotes que edifican el Cuerpo de Cristo. En este proyecto, los niños mostrarán algunas de las maneras en que los sacerdotes sirven al pueblo de Dios.*

Instrucciones:

1. Si se usan pinturas, cubra la superficie de trabajo con papel periódico.

2. Pida a los estudiantes que dibujen escenas que reflejen los ministerios de un sacerdote. Algunas posibles áreas: administrar los sacramentos, atender a los ancianos, visitar a los enfermos, dirigir a otros en la oración, predicar homilías y enseñar.

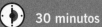
Mural

Grados 1–8

Materiales:

Rollo de papel tapiz o de papel periódico en blanco (shelf paper, newsprint)	Pintura o marcadores (paint, magic markers)
Crayones (crayons)	

CONEXIÓN CON LA FE

Recuerde a los niños que usamos signos y símbolos para celebrar los sacramentos.

Instrucciones:

1. Haga una lluvia de ideas en torno a los signos y símbolos de los siete sacramentos.

2. Pida a los estudiantes que dibujen símbolos de los sacramentos y/o sacramentales.

3. Cuelgue el mural en la pared o durante una celebración litúrgica el último día de clase.

Dibujo de mar tempestuoso y en calma

Grados 1–4

Materiales:

Cartulina celeste, azul oscuro, negra, blanca y amarilla (construction paper)	Pegamento (glue)
Regla (ruler)	Lápices (pencils)
Patrones para dibujos (ver página 60)	Tijeras (scissors)

CONEXIÓN CON LA FE

Presente a los niños la historia de Mateo 8:23–27 en la que Jesús calma la tempestad. Explique que esta historia nos enseña sobre el poder de la fe.

Instrucciones:

1. Trazar y recortar en cartulina las secciones para el dibujo, a partir de los patrones del agua, el relámpago, el bote, la nube y el sol. Usar cartulina celeste para el agua, blanca para la nube blanca y el bote, amarilla para el sol y el relámpago y negra para la nube negra.

2. Para el fondo, tomar una hoja completa de cartulina azul oscuro. Hacer un doblez de 3 ½ pulgadas hacia abajo desde uno de los lados angostos.

3. Pegar el bote en el agua en la parte inferior de la cartulina azul doblada.

4. Debajo de la solapa, pegar la nube negra y el relámpago. Doblar hacia abajo la solapa superior y pegar aquí la nube blanca y el sol.

5. Usar el dibujo para relatar la historia de Mateo 8:23–27 acerca de la fe.

Patrón para dibujo de mar tempestuoso y en calma

Dibujo de mar en calma/tempestuoso

Grados 1–4

Materiales:

Papel blanco (white paper)	Tijeras (scissors)
Cartulina celeste (construction paper)	Lápices (pencils)
Crayones o marcadores (crayons, markers)	Pasador para papel (paper fastener)

CONEXIÓN CON LA FE

Para comenzar este proyecto, lea la historia de Mateo 8:23–27 en la que Jesús calma la tempestad, o relate la historia con sus propias palabras. Haga énfasis en la enseñanza de Jesús sobre la fe.

Instrucciones:

1. Pida a los estudiantes que recorten un bote de papel blanco.

2. Dé a cada uno de los estudiantes una hoja de cartulina celeste con una línea a través del centro. Pídales que dibujen un lago en calma en la mitad de arriba de la cartulina.

3. Pídales que volteen el papel hacia abajo y que dibujen un lago tempestuoso en la mitad de abajo de la cartulina.

4. Invítelos a colorear los dibujos de los lagos y el bote.

5. Con un pasador para papel, asegure el bote al dibujo de fondo sobre la línea trazada al centro de la cartulina. El fondo se puede mover de tal modo que el bote tenga primero un fondo tempestuoso y luego un fondo en calma.

De una semilla pequeña: Placa mosaico

Grados 1–4

CONEXIÓN CON LA FE

Presente a los niños la parábola de Marcos 4:30–32 sobre la semilla de mostaza.

Materiales:

Plato de cartón (paper plate)	Pegamento (glue)
Marcadores o crayones (markers, crayons)	Perforadora (hole punch)
Arvejas secas (split peas)	Estambre (yarn)

  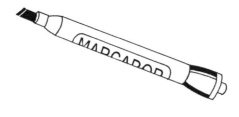

Instrucciones:

1. Escribir "La semilla de mostaza" alrededor del borde del plato de cartón.

2. Dibujar pajaritos alrededor del resto del borde.

3. En la parte central superior del plato, dibujar un círculo que represente la copa de un árbol. Trazar una línea horizontal que represente el suelo a una tercera parte del borde inferior del plato. Trazar una línea vertical desde el círculo al suelo que represente el tronco del árbol.

4. Pegar una sola arveja seca en el extremo inferior del tronco.

5. Pegar varias arvejas dentro del círculo hasta llenar el árbol.

6. Perforar un agujero en la parte superior del plato, pasar una tira de estambre por el agujero, hacer un nudo y colgar el plato para recordar que el Reino de Dios es como una planta grande que crece de una semillita.

Sugerencias:

1. Pegar una semilla real de mostaza en la base del tronco del árbol.

2. Delinear la copa del árbol, el tronco y el suelo con estambre.

3. Recortar trocitos de plumas y pegarlas a los dibujos de los pájaros.

4. Omitir las arvejas y llenar el árbol con estambre verde, recortes de papel o papel de seda estrujado.

5. Colorear el dibujo con crayones o marcadores.

6. Delinear el tronco del árbol con frijoles de color café.

La semilla de mostaza

Pintura marina

Grados 1–8

Materiales:

Papel blanco de 12 x 18 pulgadas (white paper)	Témperas azul y negra (tempera paint)
Esponja pequeña (sponge)	Agua (water)
Pincel (paintbrush)	Papel de periódico (newspaper)

CONEXIÓN CON LA FE

Para comenzar este proyecto, lea la historia de Mateo 8:23–27 en la que Jesús calma la tempestad, o relate la historia con sus propias palabras. Haga énfasis en la enseñanza de Jesús sobre la fe.

Instrucciones:

1. Cubrir una superficie de trabajo con papel de periódico.

2. Mojar la esponja en la témpera azul y pintar el fondo del papel blanco, ya sea dando toquecitos o restregando la esponja. Dejar que se seque por unos momentos.

3. Con pintura negra, pintar un bote y los navegantes. Mostrar a Jesús cuando calmaba el mar tempestuoso.

Mantelitos de la creación

Grados 1–4

Materiales:

Cartulina o cartoncillo de 9 x 12 pulgadas (construction paper, poster board)	Elementos "hallados" en la creación de Dios: hojas y flores secas, malezas, semillas, etc.
Pegamento o engrudo (glue, paste)	Crayones o rotuladores (crayons, felt-tip pens)
Papel autoadhesivo transparente (clear contact paper)	Opcional: revistas, tijeras

Gracias, Dios

Mantelito de Raúl

CONEXIÓN CON LA FE

Lea la primera historia de la creación en Génesis 1–2:3 o resúmala en sus propias palabras.

Pida a los estudiantes que escriban las palabras Gracias, Dios en la parte superior del mantelito. Hablen sobre lo agradecidos que debemos estar por todas las cosas que Dios creó. Al momento de usarlo, el mantelito podrá ser un buen punto de partida para orar y darle gracias a Dios por los alimentos y la creación en general.

Instrucciones:

1. Acomodar los elementos "hallados" sobre la cartulina. Pegarlos con pegamento o engrudo.

2. Con crayones o rotuladores, cada estudiante debe hacer un diseño de su nombre de pila en el mantelito.

3. Usar la imaginación para continuar decorando el mantelito.

4. Sellar el mantelito terminado entre dos hojas de papel autoadhesivo transparente.

Opcional: Pida a los estudiantes que recorten ilustraciones de revistas que muestren la creación (árboles, flores, animales, etc.) y que decoren sus mantelitos con esas ilustraciones.

Collar de objetos naturales

Grados 1–5

Materiales:

Estambre (yarn)	Piñas de pino u otro tipo de material natural (pinecones)

CONEXIÓN CON LA FE

Recuerde a los niños que toda la creación refleja la gloria de Dios. Invítelos a hacer un collar de elementos naturales hallados en la creación de Dios.

Instrucciones:

1. Enrollar una tira de estambre alrededor de una piña de pino o de otro elemento natural para crear un collar.

2. Hacer un collar para sí mismo y otro de regalo.

Criaturas útiles de Dios: Catarina y araña de patas largas

Grados 3–8

Materiales:

Cartulina negra y blanca (construction paper)	Crayones o marcadores negros, blancos y anaranjados (crayons, markers)
Plato de cartón (paper plate)	Tijeras (scissors)
Pegamento (glue)	Estambre (yarn)

Instrucciones:

1. Cada uno debe escoger la criatura que hará.

2. Para hacer la catarina, colorear un fondo anaranjado con manchas negras al respaldo de un plato de cartón. Recortar una cabeza usando la cartulina negra y dibujarle ojos con un crayón blanco. Recortar seis tiras cortas de cartulina negra para las patas; doblar cada tira hacia abajo una vez a modo de "rodilla" y una vez hacia arriba a modo de "pie". Recortar dos tiras delgadas de papel para las antenas. Pegar la cabeza, las patas y las antenas al plato de cartón.

3. Para hacer la araña de patas largas, colorear de gris o de café el respaldo de un plato de cartón. Cortar ocho tira largas de cartulina negra, doblarlas como acordeón y pegarlas alrededor del plato de cartón a modo de patas. Recortar dos óvalos blancos para los ojos y dibujar una mancha negra en cada uno. Doblar un extremo de cada óvalo hacia abajo y pegarlos en la parte de atrás del plato.

4. Con un bolígrafo, perforar un agujero en la mitad de la catarina o de la araña. Pasar una tira de estambre por el agujero y anudarlo para colgar a la pequeña criatura.

5. Hablar de cómo Dios creó las catarinas y las arañas para ayudarnos.

Sugerencias:

1. Usar estambre negro para las patas y/o las antenas.

2. Recortar manchas de cartulina para pegarlas a la catarina.

Oración en acróstico

Grados 1–8

Materiales:

Hoja de cartulina blanca, 1 por estudiante (construction paper)	Crayones o marcadores (crayons, markers)
Lápices (pencils)	

> **CONEXIÓN CON LA FE**
>
> *Recuerde a los niños que la creación es un regalo de Dios y que es bueno dar gracias por este regalo.*

Instrucciones:

1. Pida a cada estudiante que escriba las letras de su nombre verticalmente en la hoja de cartulina.

2. Pídales que piensen en las cosas de este mundo por las que quisieran dar gracias a Dios. Deben escoger algo que comience con cada letra de su nombre y escribir cada cosa horizontalmente, usando una letra de su nombre como la primera letra de esa cosa.

3. Invítelos a decorar su oración en acróstico con dibujos de las cosas por las que están agradecidos.

Nota: Es posible que necesite asistentes para ayudar a los niños menores a escribir las palabras.

Regalos de Dios

Grados 1–8

Materiales:

Cajas de cartón, 1 por niño (paper boxes)	Ilustraciones de revistas (magazine pictures)
Papel de regalo de color claro (wrapping paper)	Cinta (ribbon)

Los regalos de Dios

Instrucciones:

1. Envolver la caja en papel de regalo y ponerle un moño.

2. Pegarle al paquete ilustraciones de revistas donde aparezcan regalos de Dios o hacer sus propios dibujos.

3. Agregar una etiqueta que diga: "Los regalos de Dios".

Mural artístico

Grados 1–8

Materiales:

Papel tapiz o papel periódico en blanco (shelf paper, newsprint)	Témperas o acuarelas (tempera paint, water colors)
Pinceles (paintbrushes)	

> ### CONEXIÓN CON LA FE
>
> *Este proyecto reforzará el concepto del amor y la actividad de Dios en la vida de los estudiantes. Ayúdelos a recordar que Dios creó el mundo y todas las criaturas vivas. Anímelos a expresar qué significa esto en su vida.*

Instrucciones:

1. Extienda el papel ya sea en el piso o péguelo a una pared.

2. Usando témperas y acuarelas, pida a los estudiantes que ilustren el amor y la actividad de Dios en su vida.

3. Permítales trabajar en grupos en una escena en particular.

4. Exhiba los murales en una pared.

 **20 minutos**

Calendario del amor de Dios

Grados 1–8

Materiales:

Hojas de papel (8 ½ x 11 pulgadas) (paper)	Crayones, lápices o marcadores de punta fina (crayons, felt-tip markers)
Regla (ruler)	

> **CONEXIÓN CON LA FE**
> *Hable a los niños sobre cómo Dios nos ama y nos cuida a cada uno todos los días de nuestra vida.*

DOM.	LUN.	MAR.	MIÉ.	JUE.	VIE.	SÁB.
Orar	Sonreír	Ayudar	Acto de ♡ amor			

Instrucciones:

1. Invite a los niños a hacer un calendario personal en una hoja de papel usando un lápiz y una regla. El calendario podría mostrar un solo mes o todas las vacaciones de verano. Para calendarios más largos, proporcione papel adicional.

2. Cada niño podría escribir lo que hace a diario para ayudar a que otros conozcan el amor y el cuidado de Dios.

3. Dígales que pueden escribir oraciones, acciones o palabras que hablen de Dios.

Jesús y yo

Grados 1–4

Materiales:

Un cuadrado de cartoncillo (6 ½ x 6 ½ pulgadas) por estudiante (poster board)	Una fotografía pequeña de cada estudiante (aproximadamente de 1 ½ pulgadas)
Marcadores de punta fina (felt-tip markers)	Pegamento blanco (white glue)
Estambre o cordel (yarn, string)	Perforadora (paper punch)

CONEXIÓN CON LA FE

Los apóstoles fueron elegidos por Jesús para ser sus amigos y dar testimonio ante los demás. Dios elige a cada cristiano para hacer lo mismo en el mundo de hoy. En esta actividad, los estudiantes harán una placa especial para colgar en su dormitorio como recordatorio de que Jesús los ama. Así como nuestra fotografía refleja nuestro aspecto, Jesús nos llama para reflejar su amor ante los demás.

Antes de comenzar:

Escriba a lápiz las palabras *Jesús me ama* (con letras mayúsculas de 1 pulgada) alrededor de los bordes del cartoncillo. (Ver colocación de las palabras en la ilustración). Antes de dar el cartoncillo a los estudiantes, podría perforar dos agujeros cerca de la parte superior y pasarle una tira de estambre o de cordel para colgar la placa.

Instrucciones:

1. Volver a trazar las letras con marcadores.

2. Pegar la fotografía en el centro. Dejar secar.

3. Perforar dos agujeros cerca de la parte superior del dibujo y ensartar una tira de estambre o de cordel para colgar la placa.

Marca-libros chi-rho de terciopelo

Grados 1–4

Materiales:

Cinta de terciopelo ancha o papel terciopelo (velour ribbon, velour paper)	Pegamento (glue)
Tijeras (scissors)	Fieltro de varios colores (felt)
Lápices (pencils)	Patrón para chi-rho (ver página 75)

CONEXIÓN CON LA FE

El símbolo chi-rho es un monograma antiguo de Cristo. Aparece en altares, marca-libros y vestiduras. El monograma ha sido usado por el cristianismo durante al menos 1,600 años. El símbolo se deriva de las primeras dos letras del griego XPICTOC (que se pronuncia "Cristos"). Esta es la abreviatura del nombre de Cristo.

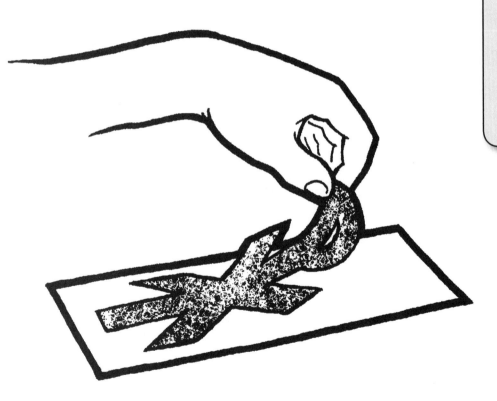

Instrucciones:

1. A partir del patrón, trazar y recortar un chi-rho de terciopelo.

2. Recortar un trozo de fieltro del tamaño de un marca-libros, lo suficientemente largo para pegar el chi-rho en el centro con un borde de fieltro alrededor.

3. Pegar el chi-rho al fieltro.

Patrón para marca-libros chi-rho de terciopelo

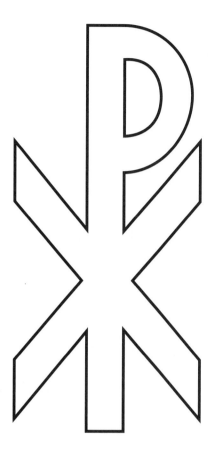

Creaciones en estambre

Grados 1–4

Materiales:

Estambre de varios colores (yarn)	Cartulina o papel terciopelo (construction paper, velour paper)
Pegamento (glue)	Lápices (pencils)
Tijeras (scissors)	Patrón para chi-rho (ver página 77)
Crayones (crayons)	

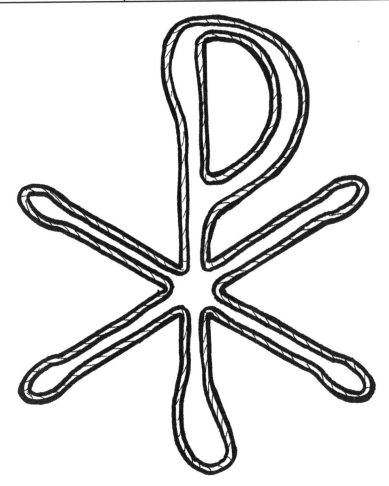

Instrucciones:

1. Trazar el patrón para chi-rho sobre cartulina. Pegar el estambre al contorno del chi-rho.

2. Añadir detalles con los crayones.

3. Si se usa papel terciopelo, escoger una hoja grande de cartulina de un color que contraste sobre la cual pegar el terciopelo.

Patrón para creaciones en estambre

Florece donde te planten

Grados 1–8

Materiales:

Cuadrados de cartulina verde de 4 pulgadas (construction paper)	Cuadrados de cartulina amarilla de 7 pulgadas (construction paper)
Pajilla verde (straw)	Pegamento (glue)
Plato de plástico o de cartón (paper cup)	Clips para papel (paper clips)
Crayones anaranjados y cafés (crayons)	Lápices (pencils)
Tijeras (scissors)	

> ### CONEXIÓN CON LA FE
>
> *Hable con los niños sobre el significado de florecer (crecer). Explique que, al igual que las flores, nosotros estamos llamados a florecer y crecer como seguidores de Jesús.*

Instrucciones:

1. Invite a los niños a decir palabras que indiquen cómo pueden florecer donde se les plante y llevar el amor de Jesús a los demás. Haga una lista en la pizarra e invite a los niños a elegir palabras de la lista para su manualidad. (Ejemplos: *servir, amar, sonreír, preocuparse, orar, dar, ayudar, compartir, trabajar, estudiar, obedecer*). Exhiba una flor de muestra.

2. Doblar el cuadrado amarillo como se ilustra en la página 79. Cortar el borde abierto en punta y abrir la flor.

3. Doblar el cuadrado verde por la mitad, dibujar una hoja y recortarla doble como se ilustra en la página 79.

4. Con un crayón café, escribir "Voy a" en el centro de uno de los lados de la flor e "Ir a misa" en el centro del otro lado.

5. Dibujar manchitas de color café alrededor de lo escrito a ambos lados del centro para representar un círculo de semillas.

6. Delinear los pétalos con un crayón anaranjado.

7. Escribir una palabra en cada pétalo que diga qué harán para llevar el amor de Jesús a los demás. Escribir primero en lápiz y luego volver a trazar lo escrito con un crayón anaranjado.

8. Escribir "Florece donde te planten" dos veces del otro lado de la flor, una palabra en cada pétalo.

9. Pegar la flor y las hojas a la pajilla. Pegar las hojas a un tercio de distancia del extremo del tallo, de tal modo que se pueda introducir el tallo en el vaso.

10. Poner el vaso bocabajo y con la punta de un lápiz abrir un agujero en el centro inferior del vaso. Introducir el tallo de la flor por el agujero de tal modo que la flor quede erguida. (Si algún niño hace un agujero muy grande, coloque un clip en el respaldo del agujero para sostener el tallo).

2.

4.
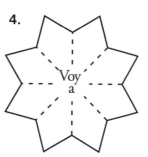

7.

8.

9.

3.

← Pajilla

Móvil de pez

Grados 1–8

Materiales:

Cartoncillo verde y morado (poster board)	Cartoncillo en un tercer color que contraste (poster board)
Alambre o hilo para el móvil (wire, thread)	Pegamento (glue)
Colgador (coat hanger)	Patrones (ver página 81)

Necesitará asistentes para los niños de los grados 1 y 2.

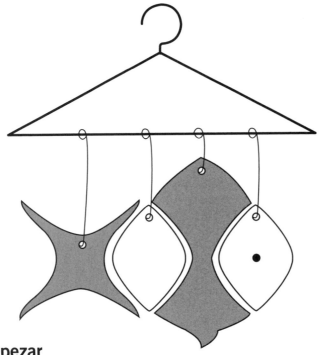

CONEXIÓN CON LA FE

El pez es uno de los símbolos más antiguos usados por los cristianos para representar a Jesucristo. Fue el signo secreto con el que se identificaron entre sí los primeros creyentes al ser públicamente perseguidos por creer en Jesús. Explique a los estudiantes que pez en griego se escribe ichthus, *una palabra formada por las primeras letras de las palabras* Jesucristo, Hijo de Dios, Salvador.

Antes de empezar

Prepare una cantidad amplia de patrones de segmentos de pez. Para los estudiantes más pequeños, trace los segmentos sobre el cartoncillo.

Instrucciones:

1. Trazar los patrones de los segmentos de pez en una hoja de cartoncillo verde y en otra de cartoncillo de un color que contraste.

2. Recortar cada segmento individualmente. Unir y pegar las piezas del mismo tamaño y la misma forma de tal modo que cada pieza verde quede de un lado y cada pieza de contraste del otro lado.

3. Recortar escamas de cartoncillo morado y pegarlas al cartoncillo verde.

4. Sujetar cada segmento a una tira de hilo o de alambre. Sujetar todos los segmentos de pez a un colgador para concluir el móvil.

Patrón para móvil de pez

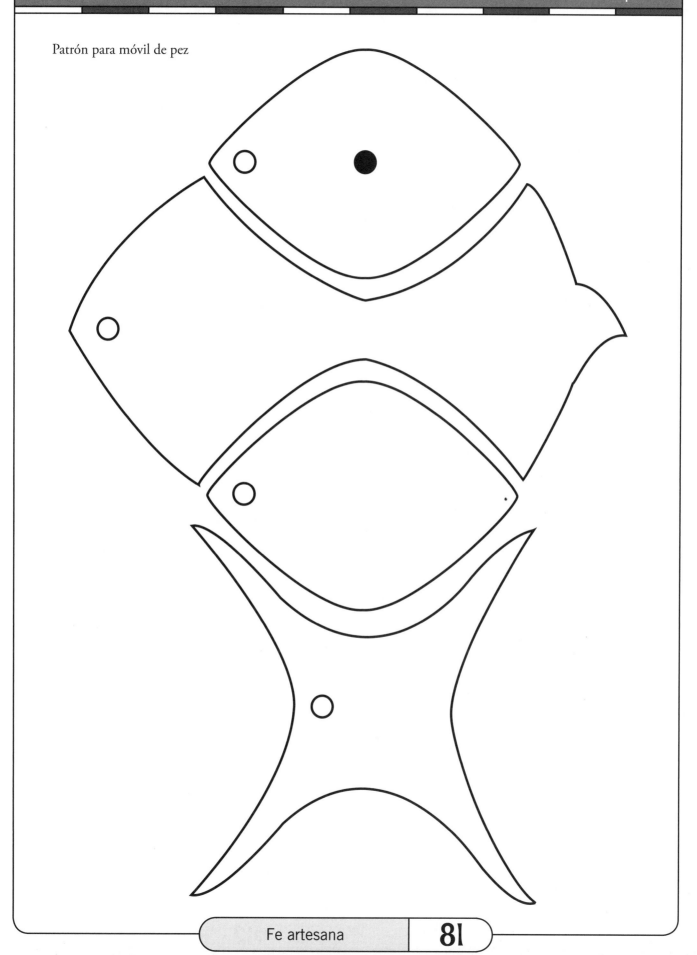

Cruz de Pascua

Grados 3–8

Materiales:

Papel de borrador o papel de periódico (scrap paper, newspaper)	Cordel (string)
Papel blanco (white paper)	Flores artificiales (artificial flowers)
Tijeras (scissors)	Pintura dorada (opcional) (gold paint)
Pegamento (glue)	

> **CONEXIÓN CON LA FE**
>
> *Diga a los niños que, debido a la Resurrección de Cristo en la mañana de Pascuas, la cruz es para nosotros un símbolo de victoria sobre el pecado y la muerte.*

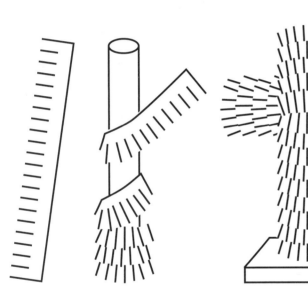

Instrucciones:

1. Hacer las vigas de la cruz enrollando papel de borrador o de periódico.

2. Hacer flecos de papel blanco. Ondular los flecos con el borde de una tijera. (Las puntas de los flecos se pueden pintar de dorado con un atomizador).

3. Enrollar las tiras de flecos alrededor de las vigas. Pegar o atar las vigas.

4. Añadir flores artificiales en el centro de la cruz.

5. Colocar la cruz en una base o en un nido de pasto de Pascuas. También podría montarse sobre un fondo.

El nombre de Jesús

Grados 1–8

Materiales:

Patrón para el nombre de Jesús, uno por estudiante (ver página 84)	Rotulador negro de punta fina y tinta permanente (felt-tip pen)
Cartoncillo (poster board)	Cinta adhesiva de papel (masking tape)
Reglas (rulers)	

> **CONEXIÓN CON LA FE**
>
> *Diga a los niños que todos somos llamados a reconocer a Jesús en nuestra vida diaria. Explique que este proyecto es un ejercicio para reconocer el nombre de Jesús.*

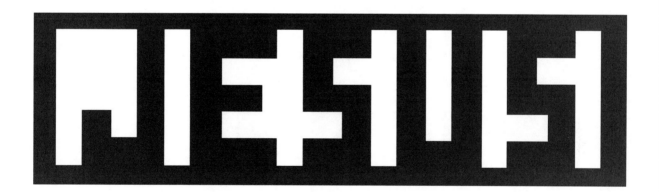

Antes de comenzar:

Trace los patrones sobre el cartoncillo para los estudiantes de los grados 1 y 2.

Instrucciones:

1. Colocar el patrón sobre el cartoncillo. Trazar con cuidado el patrón sobre el cartoncillo. (Se puede sujetar el patrón al cartoncillo con cinta adhesiva de papel).

2. Retirar el patrón.

3. Reteñir las líneas con el rotulador. Si es necesario, usar una regla.

4. Descubrir que el nombre que se ha trazado con el patrón es *Jesús.* A través de todas nuestros tiempos litúrgicos y de la vida diaria, debemos seguir a Jesús.

Patrón para el nombre de Jesús

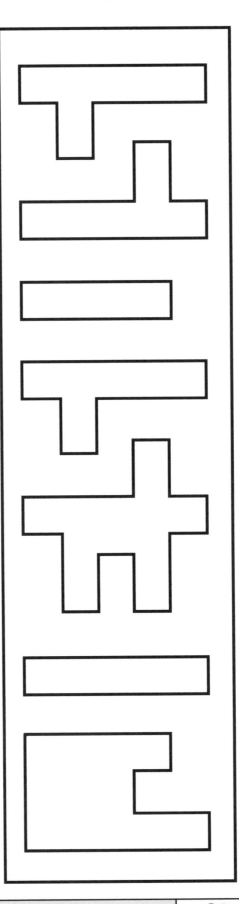

Placa con cita de Jesús

Grados 1–8

Materiales:

Copias de citas o versículos de la Biblia acerca de Jesús	Cartoncillo (5 x 6 pulgadas), 1 por estudiante (poster board)
Pegamento (glue)	Perforadora (paper punch)
Crayones, lápices de colores, marcadores (crayons, colored pencils, markers)	Estambre (yarn)

CONEXIÓN CON LA FE

Explique a los niños que uno de los modos en que Jesús nos habla es a través de la Escritura. Invítelos a crear una placa que incluya una cita de Jesús tomada de la Escritura o un versículo de la Escritura acerca de Jesús.

"Yo soy el buen pastor: conozco a mis ovejas y ellas me conocen a mí".
–Juan 10:14

Instrucciones:

1. Pegar la cita o el versículo en el centro del cartoncillo. Dejarlo secar.

2. Decorar la placa con crayones, lápices de colores o marcadores.

3. Perforar un agujero en el cartoncillo. Ensartar una tira de estambre por el agujero y anudarla para colgar la placa.

Oveja de plato de cartón

Grados 1–4

Materiales:

Platos de cartón, uno de cena y uno de postre por niño (paper plates)	Un puñado de motas de algodón por niño (cotton balls)
Cartulina negra (construction paper)	Pegamento (glue)
Crayones o marcadores (crayons, markers)	Engrapadora (stapler)
Patrones para orejas, colas y patas (ver página 87)	

Antes de comenzar:

Elabore una oveja de muestra y prepare un conjunto de materiales para cada niño. Engrape un plato de cena a un plato de postre para formar el cuerpo y la cabeza de la oveja. Recorte triángulos de cartulina negra para las orejas y la cola y rectángulos para las patas.

Instrucciones:

1. Distribuya los materiales necesarios a los niños.

2. Ayúdelos a pegar las orejas, las patas y la cola en el lugar indicado.

3. Pídales que dibujen la cara de la oveja en el plato de cartón pequeño con crayones o marcadores.

4. Pídales que peguen motas de algodón en el plato grande a modo de lana de la oveja.

5. Ayúdelos a escribir su nombre en la oveja.

CONEXIÓN CON LA FE

La parábola del Buen Pastor (Juan 10:11–16) expresa la relación de amor y confianza que es posible entre los seres humanos y Cristo. Aunque hoy en día muy pocos niños tienen contacto con ovejas y pastores, esta parábola sigue despertando su interés. Evoca una sensación de paz y alegría interior, indicando que el mensaje cristiano satisface necesidades profundas. Los niños pueden relacionar el amor de Dios, manifestado a través de la figura del buen pastor, con el amor que experimentan a través de otras personas. Aunque irán apreciando gradualmente el significado de la parábola, su experiencia temprana con la misma ayudará a que lleguen a comprenderla verdaderamente.

Patrones para orejas y patas de oveja de plato de cartón

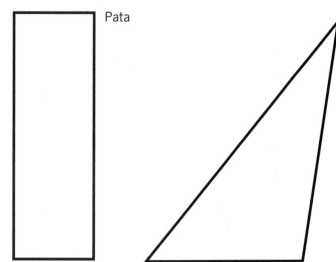

Pata

Oreja

Grabado sobre crayón y tiza

Grados 1–8

Materiales:

Papel de periódico (newspapers)	Lápiz afilado (pencil)
Dos hojas de papel manila o papel de dibujo blanco de tamaño idéntico por estudiante (manila paper, drawing paper)	Patrón para INRI
Tiza amarilla (chalk)	Opcional: Crayones o pinturas, pinceles y tijeras (crayons, paints, brushes, scissors)
Crayón de color oscuro (crayon)	

> ### CONEXIÓN CON LA FE
> *Muestre a los niños un crucifijo con las letras INRI encima de la cabeza de Jesús. Explique que las iniciales INRI representan en latín el título "Jesús el Nazareno, rey de los Judíos" (Juan 19:19), que Poncio Pilato colocó sobre la cabeza de Jesús crucificado para burlarse de él.*

INRI

Instrucciones:

1. Cubrir una superficie de trabajo con periódicos. Recubrir una de las hojas de papel blanco con una capa gruesa de tiza amarilla.

2. Aplicar una capa gruesa de crayón oscuro hasta cubrir por completo la tiza.

3. Extender la hoja limpia de papel sobre la hoja cubierta de crayón. Con un lápiz afilado, trazar el patrón para *INRI* sobre la hoja sin colorear. Presionar con firmeza sobre una superficie de trabajo dura de tal modo que el grabado quede claro. Se podría sombrear el interior de las letras o diseñar las letras de diversos modos.

4. Al retirar la hoja superior, se podrá ver que el trazado en lápiz ha hecho que la cera del crayón deje las huellas de las letras en tiza.

Opcional: Para los niños menores, use el bloque de letras *INRI* u otro diseño y copie uno por cada estudiante. Permítales que coloreen o que pinten las letras. También podrían recortar cada letra y pegarla sobre una hoja de cartulina más oscura.

Diorama de pasaje bíblico

Grados 3–8

Materiales:

Caja de zapatos (shoebox)	Cartón (cardboard)
Retazos de tela (fabric)	Pegamento y cinta adhesiva (glue, tape)
Papel de colores (colored paper)	Tijeras (scissors)
Arcilla o plastilina (clay, play dough)	Lápices (pencils)

CONEXIÓN CON LA FE

Muestre a los niños una Biblia y comente que la vida de Jesús se halla en los Evangelios de Mateo, Marcos, Lucas y Juan. Invítelos a trabajar en un proyecto que muestre una escena de la vida de Jesús.

Instrucciones:

1. Invite a los estudiantes a trabajar en grupos o individualmente. Permítales escoger la escena de la vida de Jesús que van a representar.

2. Decorar el interior de la caja de zapatos con retazos de tela o de papel.

3. Con la arcilla dar forma a los personajes de la historia. Colocar las figuras en la caja de zapatos.

Opcional: Los estudiantes podrían usar figuras de juguete en lugar de arcilla.

Mosaico

Grados 3–8

Materiales:

Patrones (ver páginas 90–91)	Cartón grueso de 5 x 7 pulgadas (cardboard)
Estambre negro (yarn)	Pegamento blanco u otro pegamento traslúcido al secarse (white glue)
Grava para acuario de diversos colores (aquarium gravel)	

> ### CONEXIÓN CON LA FE
> *Explique a los niños que la cruz y el chi-rho son dos de los símbolos más apreciados de Jesucristo. (En las páginas 74 y 76 aparece una explicación sobre el chi-rho).*

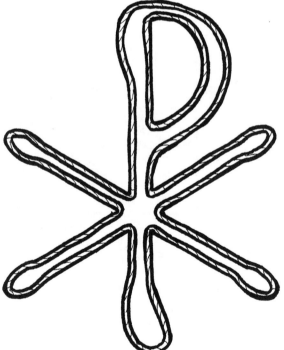

Instrucciones:

1. Trazar uno de los patrones sobre cartón o diseñar el propio. Usando pegamento blanco, delinear el patrón con estambre negro.

2. Rellenar el patrón con grava para acuario de distintos colores. Fijar la grava con pegamento blanco.

3. Dejar secar el mosaico por 24 horas antes de llevarlo a casa.

Patrón para mosaico

Patrón para chi-rho

Imán del pan de vida

Grados 5–8

Materiales:

Cartulina café (construction paper)	Cinta magnética (magnetic trip tape)
Patrones para el pan (ver página 94)	Pegamento blanco para manualidades o para tela (craft, fabric glue)
Macarrones grandes en forma de letras (tamaño #18) (macaroni noodles)	Florecitas secas (dried flowers)
Cinta, aguja e hilo para hacer el moño (ribbon, needle, thread)	Opcional: Palillos de dientes (toothpicks)
Rollo de tira de yute (1 ½ pulgadas de ancho) (burlap strips)	

CONEXIÓN CON LA FE

Lea o resuma la historia de Juan 6:1–15 en la que Jesús multiplica los panes y los peces. Comente que cuando la gente le pidió a Jesús que siguiera alimentándola con pan, Jesús replicó: "Yo soy el pan de la vida" (Juan 6:35).

Antes de comenzar:

1. Recorte la cartulina café en forma de tajadas de pan.

2. Recorte la tira de yute en trozos de 8 pulgadas.

Instrucciones:

1. En la mitad de la tira de yute, pegar dos o tres flores.

2. Pegar una tajada de pan de cartulina sobre los tallos de las flores, presionando con cuidado el yute contra el respaldo del pan. Pegar bien.

3. Colocar las letras en el pan. Pegarlas al pan o usar palillos de dientes para fijarlas. Palabras sugeridas: "Yo soy el pan de la vida", "Danos hoy nuestro pan de cada día", "Partir y compartir el pan".

4. Pegar o coser un moño de cinta en la parte superior de la tira de yute.

5. Adherir dos trozos pequeños de cinta magnética al respaldo del yute, detrás del moño.

Patrones para imán del pan de vida

Tira de 8 pulgadas

Tajada de pan

🕐 **25 minutos**

Visor

Grados 5–8

Materiales:

Caja de cartón cuadrada, 1 por estudiante (cardboard box)	Rollo de papel blanco, 1 por estudiante (roll of white paper)
Lápiz (pencil)	Cuchillo (knife)
Acuarelas o crayones (watercolor paints, crayons)	Tubo de cartón de toallas de papel, 2 por estudiante (cardboard tubes)
Tijeras (scissors)	Cinta adhesiva (tape)
Regla (ruler)	

Instrucciones:

1. Quitar la sección frontal de la caja y desechar.

2. Trazar una línea de 1 pulgada en cada lado y una de 1 pulgada desde la base.

3. Hacer cortes o "ranuras" a lo largo de esta línea por las que se deslice el papel.

4. A lo largo de todo el rollo de papel, pintar escenas de cualquier parte de la vida de Cristo, permitiendo que cada dibujo quede "enmarcado" en la sección central de la caja.

5. Pegar los extremos del rollo de papel al tubo de cartón con cinta adhesiva o pegamento.

6. Insertar las escenas de la historia y desenrollar los dibujos mientras se narra la historia.

7. Invite a los estudiantes a turnarse para narrar lo que está pasando en cada escena de la historia.

CONEXIÓN CON LA FE

Muestre a los niños una Biblia y comente que la vida de Jesús se halla en los Evangelios de Mateo, Marcos, Lucas y Juan. Invítelos a trabajar en un proyecto que muestre una escena de la vida de Jesús.

Podría sugerir sucesos de la historia de la Navidad, el ministerio de Jesús o su muerte y Resurrección. Haga una lluvia de ideas sobre historias de la Biblia que a los estudiantes les gusten en particular. Si se usa la historia de la Navidad, toque o entone un villancico conocido como música de fondo mientras se realiza el proyecto.

 **25 minutos**

Tarjetero navideño

Grados 1–8

Materiales:

Caja de zapatos (shoe box)	Guirnaldas o cinta navideña (Christmas tinsel, ribbon)
Papel autoadhesivo o cartulina (contact paper, construction paper)	Calcomanías navideñas (Christmas stickers)
Pegamento (glue)	

Que Dios bendiga a nuestros familiares y amigos.

CONEXIÓN CON LA FE

Hable con los niños sobre la importancia de recordar que la verdadera razón de la Navidad es festejar el nacimiento de Jesús, el Hijo de Dios. Invítelos a hacer un proyecto que los ayudará a recordar, tanto a ellos como a sus familias, que deben tener a Cristo presente durante la Navidad.

Instrucciones:

1. Forrar la caja con papel autoadhesivo o cartulina.

2. Escribir en la caja "Que Dios bendiga a nuestros familiares y amigos" o "Damos gracias por nuestros familiares y amigos".

3. Decorar la caja con guirnaldas o con cinta y calcomanías.

4. Cuando los niños terminen de hacer este encantador tarjetero navideño, envíe a casa una nota en la que anime a las familias a colocarlo en la mesa del comedor o cerca de esta. Cada noche pueden sacar una tarjeta para leerla en familia y comentar el significado y la ilustración de la tarjeta. Después, pueden orar por quienes les enviaron la tarjeta.

Adorno navideño de la Natividad

Grados 1–8

Materiales:

Tapas de recipiente plástico o cartoncillo (container lids, poster board)	Pegamento (glue)
Patrón para estrella (ver página 98)	Calcomanía o ilustración pequeña (como una tarjeta de oración) de la Natividad (sticker)
Brillantina transparente (glitter)	Perforadora (paper punch)

> ### CONEXIÓN CON LA FE
> *Escriba la palabra* Natividad *en la pizarra y explique a los niños que usamos esta palabra para referirnos al nacimiento de Jesús.*

Antes de comenzar:

A partir del patrón para estrella, recorte estrellas de tapas de plástico o de cartoncillo. Perfore un agujero en la parte superior de cada una.

Instrucciones:

1. Pegar una calcomanía o una ilustración de la Natividad en la estrella de plástico o de cartoncillo.

2. Colocar gotitas de pegamento por toda la estrella y esparcir brillantina transparente sobre toda el área.

Patrón para adorno navideño de la Natividad

Collar del Espíritu Santo

Grados 1–5

Materiales:

Paloma de cartoncillo (con agujero), 1 por estudiante (ver página 100)	Camisa, bata o delantal para proteger la ropa
Cordel (twine)	Papel de periódico (newspapers)
Pintura acrílica o témperas (acrylic paint, tempera paint)	Rotuladores, marcadores y/o crayones (felt-tip pens, markers, crayons)
Pinceles pequeños (brushes)	

CONEXIÓN CON LA FE

Diga la oración "Ven, Espíritu Santo, llena los corazones de tus fieles [...] y renovarás la faz de la tierra". Recuerde a los estudiantes usar el collar que harán como signo de que comparten el Espíritu dador de vida de Dios. Al preocuparse por los demás, estarán renovando la faz de la tierra.

Ates de comenzar:

Para los estudiantes menores, escriba las palabras "Renovarás la faz de la tierra" en la paloma.

Instrucciones:

1. Cubra las mesas con periódicos. Pida a los estudiantes que se pongan camisas para proteger su ropa.

2. Invítelos a escribir las palabras "Renovarás la faz de la tierra" con mucho cuidado en la paloma.

3. Anímelos a decorar su paloma con pintura, rotuladores o crayones.

4. Pase el cordel a través del agujero y hágale un nudo. Use una tira de cordel de 18 a 20 pulgadas como la "cadena" del collar.

Patrón para collar del Espíritu Santo

Árbol de los dones del Espíritu Santo

Grados 4–8

Materiales:

Cartulina o papel de arroz (12 x 16 pulgadas) (construction paper)	Papel de seda o crepé en diversos colores (tissue paper, crepe paper)
Témpera negra para el tronco del árbol (tempera paint)	Revistas viejas (magazines)
Témperas verde, amarilla y anaranjada para las hojas (tempera paint)	Rotuladores negros (felt-tip pens)
Pajillas (straws)	Agua (water)
Camisa, bata o delantal para proteger la ropa	Recipiente para mezclar pintura y agua (container)
Trozo pequeño de esponja (sponge)	Crayones (crayons)
Pinzas de tender ropa tipo *clip* (clothespins)	Lápices (pencils)
Opcional: Pinceles pequeños (brushes)	

CONEXIÓN CON LA FE

Lea Gálatas 5:22 de la Biblia. Este proyecto se puede usar para ayudar a los estudiantes a estar en contacto con el Espíritu Santo como presencia especial en la vida de cada persona que sigue el ejemplo de Jesús. Use pajillas para "pintar" un árbol. Ayude a los estudiantes a entender el concepto del Espíritu Santo al mostrarles que cuando soplan a través de la pajilla, en realidad no pueden ver su respiración, pero pueden ver los resultados a medida que su aliento mueve la pintura. El poder del Espíritu Santo se parece mucho a la respiración invisible que tiene el poder de mover la pintura en el papel. No podemos ver al Espíritu Santo, pero sí experimentamos lo que pasa cuando cooperamos con el amor de Dios.

Antes de comenzar:

Escriba el versículo de Gálatas 5:22 en la pizarra. Subraye los frutos descritos o haga una lista de los frutos que el Espíritu Santo desea producir en nosotros. Podría hacer figuras de frutas con rótulos del sentido literal/espiritual de cada fruto para los grados 1 y 2. Los estudiantes pegarán los frutos al árbol.

Instrucciones:

1. Cubrir las mesas con papel de periódico.
2. Diluir la témpera negra (1/2 cantidad de pintura por 1/2 de agua).
3. Dejar caer una gota de témpera negra en la mitad inferior del papel.
4. Soplar a través de la pajilla para "mover" la pintura con el fin de hacer un árbol. Seguir soplando para hacer más ramas.

5. Para hacer las hojas, sujetarar una esponja con una pinza de tender ropa. Usando la pinza como manija, hundir la esponja en la témpera verde, amarilla o anaranjada y presionarla contra el papel formando cada hoja.

   Otras ideas para hacer hojas: (a) con un pincel pequeño y témpera, puntear y/o hacer girar el pincel en el papel; (b) rizar trocitos de papel de seda o crepé y pegarlos a las ramas; (c) recortar hojas de frutas o flores de revistas y pegarlas a las ramas; (d) recortar ilustraciones de revistas con escenas que simbolicen el "fruto del Espíritu" y pegarlas sobre las ramas. Algunos ejemplos: Amor: una madre y su hijo o una familia abrazándose; Gozo: globos, caras sonrientes o que ríen; Paz: ocaso, lago, animalitos durmiendo.

6. Dejar secar.

7. Añadir "frutos" al árbol escribiendo las siguientes palabras en la punta de las ramas o entre las hojas: *Amor, Gozo, Paz, Paciencia, Longanimidad, Bondad, Fidelidad, Mansedumbre, Continencia.* Escribir con lápices, rotuladores o crayones.

8. Montar la ilustración del árbol en otra hoja de cartulina a modo de marco. Titular la pintura "Árbol de los dones del Espíritu Santo".

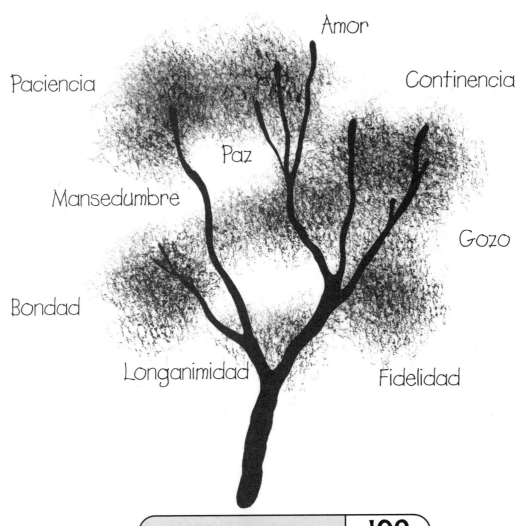

Atrapa-soles

Grados 1–8

Materiales:

Residuos de crayones (crayon shavings)	Papel de periódico (newspapers)
Papel parafinado (wax paper)	Cordel (string)
Pintura acrílica o témperas (acrylic paint, tempera paint)	Plancha y mesa de planchar (iron, ironing board)
Patrones (ver página 104)	Opcional: Cartulina oscura, pegamento (construction paper, glue)

Es recomendable tener asistentes para ayudar a los estudiantes menores.

> ### CONEXIÓN CON LA FE
>
> *El Espíritu Santo es la presencia de Dios en nosotros. "Les daré un corazón nuevo y les infundiré un espíritu nuevo" (Ezequiel 36:26–27). Nuestra actitud y nuestras acciones están formadas por la presencia amorosa del Espíritu Santo que es la vida de Dios en nosotros.*

Antes de comenzar:

Prepare los patrones y elabore muestras para los estudiantes.

Instrucciones:

1. Cubrir la superficie de trabajo con papel de periódico.

2. Colocar un patrón sobre el periódico que sirva como guía.

3. Extender una hoja de papel parafinado transparente encima del periódico del tamaño deseado.

4. Dejar caer residuos de crayones en el papel parafinado sin salirse de las líneas del patrón.

5. Extender otra hoja de papel parafinado encima de los residuos de crayones.

6. Colocar las dos hojas unidas entre capas de papel periódico y presionar con una plancha caliente para obtener un efecto de vidrio de colores. Solo un adulto debe usar la plancha.

7. Pegar el símbolo sobre cartulina oscura o recortarlo y atarle un cordel para colgarlo en una ventana.

Patrón para atrapa-soles

Grabado en crayón

Grados 4–8

Materiales:

Papel blanco (white paper)	Crayón negro (crayon)
Surtido de crayones brillantes (crayons)	Bolígrafo para el grabado (pen)
Opcional: Papel arcoíris (*Scratch-Art*® rainbow paper)	

CONEXIÓN CON LA FE

*Pregunte a los estudiantes si saben cuántos apóstoles tenía Jesús (*doce*) y si saben el nombre de alguno (*ver Mateo 10:2–4; Marcos 3:16–19; o Lucas 6:14–16).

Instrucciones:

1. Con crayones de colores brillantes, cubrir por completo el papel blanco a modo de arcoíris o con otro diseño.

2. Colorear por encima con crayón negro. Si se prefiere, usar papel arcoíris Scratch-Art®.

3. Con un bolígrafo, hacer un grabado sobre el papel. Una idea es grabar una imagen del Espíritu Santo que desciende sobre los apóstoles en Pentecostés.

4. En la parte inferior del grabado, los estudiantes mayores pueden escribir los nombres de los apóstoles.

Maceta de plantas

Grados 1–4

Materiales:

Vaso de cartón pequeño, 1 por estudiante (paper cup)	Semillas de vegetales o de flores de cualquier variedad (vegetable sedes)
Tierra (potting soil)	Trapos para limpiar

> ### CONEXIÓN CON LA FE
>
> *Lea a los niños Juan 12:24. Dígales que Jesús usó la imagen de un grano de trigo que muere con el fin de dar fruto para explicar cómo él debe morir con el fin de resucitar. Explique que el acto de plantar una semilla para que crezca una planta nos hace recordar la Resurrección de Jesús.*

Instrucciones:

1. Pida a los estudiantes que cubran la superficie de trabajo con papel de periódico.

2. Dé un vaso de cartón y algunas semillas a cada estudiante.

3. Haga circular la tierra e invite a los estudiantes a plantar sus semillas.

4. Pídales que rieguen la tierra ligeramente. Explique que deben poner la "maceta" en el alféizar de una ventana de su casa y regarla con regularidad.

Él ha resucitado: Un huevo vacío

Grados 1–8

Materiales:

Plato de cartón, 2 por estudiante (paper plates)	Tijeras (scissors)
Crayones (crayons)	Pasador para papel (paper fastener)

CONEXIÓN CON LA FE

Lea o resuma la historia de la Resurrección de Jesús que aparece en Lucas 24:1–8.

Instrucciones:

1. Usar crayones de color claro para decorar el exterior de un plato como huevo de Pascua.

2. Cortar el primer plato por la mitad. Asegurar los lados al centro inferior del segundo plato con un pasador para papel como se ilustra.

3. Abrir el huevo y escribir "Él ha resucitado" en el plato de abajo.

4. Mostrar a otros el huevo de Pascua para compartir el mensaje del ángel en esa primera mañana de Pascua.

Sugerencias:

1. Decorar también el exterior del plato del fondo.

2. Decorar el huevo con calcomanías o marcadores.

3. Mojar el plato con agua y después ponerle encima pedacitos de papel de seda de colores. Retirar el papel de seda cuando se seque.

4. Pegarle al huevo pedacitos de papel de seda de colores mezclados con agua y pegamento blanco.

Mariposa

Grados 1–4

Materiales:

Patrón (ver página 109)	Brillantina (glitter)
Pegamento (glue)	Alambre de felpa o varitas de manualidades (chenille wire, craft stems)
Hojas cuadradas de papel blanco de 4 ½ pulgadas (white paper)	Papel de seda o papel crepé de colores (tissue paper, crepe paper)

CONEXIÓN CON LA FE

Explique por qué la mariposa es un símbolo de la Resurrección de Jesús. Después de estar en un capullo, la oruga se transforma en una hermosa mariposa. El capullo simboliza la tumba de la que se levantó Jesús transformado en Cristo resucitado.

Instrucciones:

1. A partir del patrón, recortar alas de mariposa en la línea del doblez sobre un cuadrado de papel doblado de 4 ½ pulgadas.

2. Decorar las alas y aplicarles pegamento. Esparcirles brillantina.

3. Doblar el alambre de felpa por la mitad, deslizar las alas entre el alambre y recoger el papel de colores en la parte doblada del alambre.

4. Torcer los extremos del alambre para hacer las antenas de la mariposa.

Patrón para mariposa

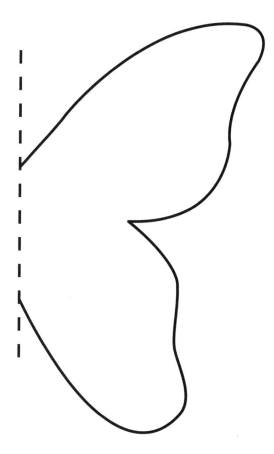

Oración de mariposa

Grados 1–8

Materiales:

Papel sin rayas (unlined paper)	Bolígrafos, lápices o marcadores (pens, pencils, markers)
Regla (ruler)	Patrón para mariposa (ver página 111)

¡Buenos días, Dios!
Gracias por darnos a Jesús.
Me gustan la Pascua y la primavera.
Aleluya.
Con amor,
Clara

> **CONEXIÓN CON LA FE**
> *Se debe animar a los niños a rezar a Dios con sus propias palabras. La siguiente oración de mariposa es una manera interesante de enseñar la oración espontánea durante el tiempo de Pascua.*

Antes de comenzar:

Dibuje el contorno de una mariposa que cubra el ancho de una hoja de papel sin rayas tamaño regular. Dentro de la mariposa, trace renglones horizontales con un bolígrafo y una regla. En el renglón de arriba, escriba las palabras "Mi oración de Pascua". ¡Ya tiene una hoja con diseño de mariposa! Haga copias de la hoja para todos los estudiante de la clase.

Instrucciones:

1. Pida a los estudiantes que escriban oraciones cortas e individuales con el tema de Pascua en su hoja de mariposa y que la firmen. Este es un ejemplo de oración:

   Mi oración de Pascua
   ¡Buenos días, Dios!
   Gracias por darnos a Jesús.
   Me gustan la Pascua y la primavera.
   Aleluya.
   Con amor,
   Clara

2. Cuando los estudiantes terminen, pida a voluntarios que compartan sus oraciones con la clase.

3. Las oraciones de mariposa se pueden usar como ofrenda durante un servicio de oración o llevarse a casa para compartirlas con los padres.

Patrón para oración de mariposa

Dibujo a sombras de la Resurrección

Grados 1–8

Materiales:

Molde de aluminio, 1 por estudiante (aluminum pie pan)	Cinta en zigzag o trenzada (rickrack, braid)
Fieltro negro (felt)	Colgador (hanger)
Pegamento (glue)	Patrón (ver página 113)

Necesitará asistentes para los grados 1 y 2.

Instrucciones:

1. A partir del patrón, recortar una silueta de Cristo resucitado en fieltro negro. Recortar varias nubes de fieltro negro.

2. Pegar la silueta de Cristo y las nubes en el fondo del molde.

3. Pegar la cinta en zigzag o trenzada alrededor del borde del molde a modo de marco.

4. Pegar un colgador al respaldo. Este puede comprarse o hacerse de cartón con un agujero perforado en un extremo.

Patrón para dibujo a sombras de la Resurrección

Lirios con manos de papel

Grados 1–4

Materiales:

Cartulina blanca (construction paper)	Cinta adhesiva o engrapadora (tape, strapler)
Lápices (pencils)	Varita de manualidades verde (craft stem)
Tijeras (scissors)	

Instrucciones:

1. Pida a los niños que tracen sus manos sobre cartulina y que las recorten.

2. Enrollar cada mano de papel de modo que el dedo meñique se una con el pulgar. Después, pegarlos con cinta o engraparlos.

3. Asegurar una varita de manualidades verde en la base de la abertura (donde estaría la muñeca) de cada mano de papel. El resultado se parecerá a un lirio.

o

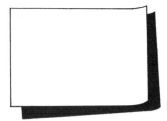 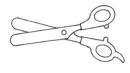  

Materiales:

Cartulina blanca (construction paper)	Limpiapipas café (pipe cleaner)
Cinta adhesiva (tape)	Lápiz (pencil)
Limpiapipas verde (pipe cleaner)	Vaso de cartón u hoja de papel de color pastel (paper cup)

Instrucciones:

1. Trazar a lápiz la mano del niño sobre cartulina blanca.

2. Recortar la forma de mano y enrollarla de modo que el meñique se una con el pulgar. Asegurarlo con cinta adhesiva.

3. A través de la abertura inferior (donde estaría la muñeca), deslizar un limpiapipas verde para formar el tallo de la flor. Hacer un gancho con el extremo superior del limpiapipas verde para formar el estambre de la flor.

4. La flor final puede colocarse en un florero (vaso de cartón) o pegarse en una hoja de papel de color pastel con el mensaje "Cristo ha resucitado".

CONEXIÓN CON LA FE

En la mañana del Domingo de Pascua, el lirio blanco llena la iglesia como signo de que Cristo ha resucitado. He aquí esta idea para crear un símbolo de la flor de Pascua con las manos de los niños.

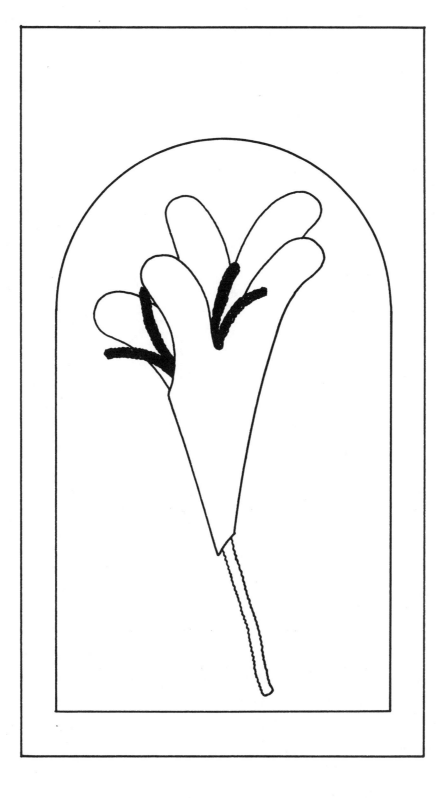

Lirios de Pascua

Grados 5–8

Materiales:

Tiras de papel blanco sin rayas, con el doble de largo que de ancho (strips of paper)	Tijeras (scissors)
Pegamento (glue)	

1.

2.

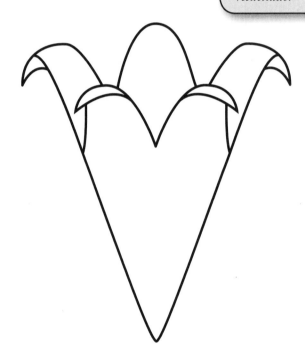

3. **4.**

5. & 6.

Instrucciones:

1. Doblar cada tira de papel por la mitad para formar un cuadrado.

2. Volverla a doblar en tercios desde la esquina del doblez.

3. Recortar la punta y recortar los pétalos de la flor.

4. Abrir el papel.

5. Rizar cada pétalo con la cuchilla de las tijeras.

6. Superponer los pétalos A y B y pegarlos el uno al otro.

Opcional: Se podría pegar una tira amarilla en el centro para formar el estambre y recortar unas cuantas hojas verdes.

Parte 1: De orugas a mariposas

Grados 5–8

Materiales:

Tiras anchas de papel de notas de 2 pulgadas de ancho (note paper)	Mezcla de pasta y agua o de harina y agua (paste and water mixture)
Papel de periódico en tiras (newsprint)	Esponja (sponge)
Bandeja (tray)	Toallas de papel (paper towels)
Agua (water)	Lápiz o bolígrafo (pencil, pen)

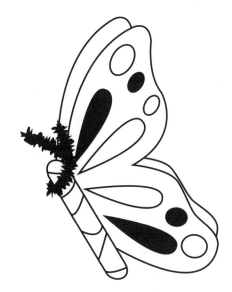

> ### CONEXIÓN CON LA FE
> *Hable con los estudiantes sobre la Cuaresma. Explique que durante este tiempo revaluamos nuestra vida con el fin de crecer más como Jesús. A partir del ciclo de oruga a mariposa, comente que Jesús murió por amor a nosotros y que Dios lo hizo resucitar a una nueva vida. Explique que en la Pascua celebramos esta creencia cuando hay nueva vida a nuestro alrededor.*

Instrucciones:

1. Dirija a los estudiantes a escribirle una carta a Jesús en la que le cuenten qué planean hacer durante la Cuaresma para llegar a ser mejores personas. Deben escribir en tiras de papel de unas 2 pulgadas de ancho. Sugiera acciones positivas para ayudar a los demás.

2. Enrollar las cartas finalizadas.

3. Hundir tiras de papel de periódico en una mezcla de pasta o de harina. Después, envolver cada carta enrollada con las tiras de papel. Se necesitan varias tiras para cada carta.

4. Poner a secar las pequeñas "orugas" en una bandeja. Cada estudiante puede colocar una tira de papel con su nombre debajo de su oruga para identificarla posteriormente. Las orugas tardarán un par de días en secarse y se les formará una cubierta dura.

5. Lavarse las manos y limpiar las áreas de trabajo con agua, esponjas y toallas de papel.

Parte ll: De orugas a mariposas

Grados 5–8

Materiales:

Cartulina blanca (construction paper)	Tijeras (scissors)
Crayones (crayons)	Alfileres (pins)
Patrón para mariposa (ver página 119)	Alambre de felpa o varitas de manualidades (chenille wire, craft stems)

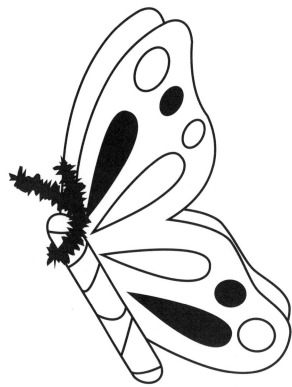

Instrucciones:

1. Trazar el patrón para mariposa sobre cartulina blanca.
2. Colorear y recortar las mariposas.
3. Colorear el cuerpo de la oruga.
4. Fijar la oruga al cuerpo con alfileres.
5. Enrollar un limpiapipas alrededor del cuerpo, justo debajo de la cabeza. Retorcerlo para formar las antenas.

Nota: Si va a repartir las mariposas más adelante, escriba el nombre del estudiante al respaldo de cada una.

CONEXIÓN CON LA FE

Comente que al hacer la oruga, cada estudiante incluyó una nota a Jesús en la que dice qué hará durante la Cuaresma para tratar de ser una persona mejor y más bondadosa. Dentro del capullo, la oruga se transforma en una hermosa mariposa que nace a una nueva vida.

Comente que cuando Jesús murió y fue sepultado, también nació a una nueva vida con Dios. Decimos que resucitó de entre los muertos.

Diga a los estudiantes que en este último mes, es posible que una pequeña parte de sí mismos haya cambiado a medida que trataron de ser más bondadosos. Si han fallado, pueden volver a intentarlo. Pida a los estudiantes que conserven la mariposa como recuerdo de este desafío.

Patrón para orugas a mariposas

Faro

Grados 1–8

Materiales:

Rollo de toallas de papel o tubo de papitas fritas (paper towel roll)	Copia ampliada de ilustración del faro
Cinta adhesiva (tape)	Tiras de papel amarillas (paper strips)
Marcadores (markers)	

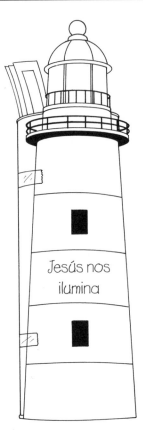

Jesús nos ilumina

Instrucciones:

1. Recortar y colorear la ilustración del faro.

2. Pegar el faro alrededor del rollo de toallas de papel o del tubo de papitas fritas.

3. En tiras de papel amarillas, escribir las siguientes sugerencias para la familia. Invite a la familia a tomar una idea a la semana del faro y realizar esa actividad. Estas son algunas sugerencias:

   Leer juntos una historia de la Biblia después de la cena o antes de dormir.
   Salir a caminar y hablar acerca de las maravillas de la creación.
   Comenzar a reciclar algo que aún no han comenzado a reciclar.
   Sacar la ropa que no usan y donarla a la beneficencia.
   Hornear galletas juntos y obsequiarlas a alguien.

Dilo con panderetas

Grados 1–4

Materiales:

Platos de cartón, 2 por estudiante (paper plates)	Crayones o marcadores de punta fina (crayons, felt-tip markers)
Perforadora (paper punch)	Estambre (yarn)
Campanitas, 12 por estudiante (jingle-style bells)	

> ### CONEXIÓN CON LA FE
> *Lea el Salmo 150:1–6 y hable sobre los diversos instrumentos que se mencionan como medios de alabar a Dios. Invite a los niños a hacer un instrumento con el que alaben a Dios.*

Instrucciones:

1. Unir las caras de dos platos de cartón y perforar doce agujeros alrededor de los bordes.

2. Con una tira de estambre, atar una campanita a cada agujero.

3. Decorar con crayones o marcadores.

4. Entonar el Salmo 150 juntos y hacer un sonido gozoso con las panderetas.

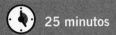
Maracas rítmicas

Grados 1–4

Materiales:

Envase de sal (de cartón) (salt carton)	Cartulina (construction paper)
Frijoles secos (dried beans)	Vara (dowel rod)
Cinta adhesiva (tape)	Opcional: Estambre para decorar

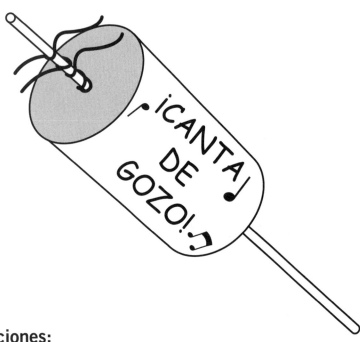

> **CONEXIÓN CON LA FE**
>
> *Lea el Salmo 150:1–6 y hable sobre los diversos instrumentos que se mencionan como medios de alabar a Dios. Invite a los niños a hacer un instrumento con el que alaben a Dios.*

Instrucciones:

1. Poner un puñado de frijoles secos en un envase de sal vacío. Tapar el envase y sellarlo con cinta adhesiva.

2. Forrar el envase con cartulina.

3. Para la manija, hacer un agujero en la parte superior e inferior del envase y hacer pasar una vara a través del envase.

4. Entonar una canción alegre acerca de la bondad de Dios y acompañarla con maracas.

Opcional: Atar tiras de estambre en un extremo de la vara.

Alternativa: Invite a los niños a hacer maracas rítmicas para acompañar la celebración de la misa. Distribuya dos vasos de plástico y un puñado de frijoles secos a cada niño. Instruya a los niños que pongan los frijoles en un vaso. Después, pídales que coloquen el segundo vaso bocabajo encima del primer vaso. Ayúdelos a pegar los vasos y forrar las maracas con papel de aluminio o plástico de envolver. Invítelos a decorar las maracas y marcarlas con su nombre. Podría animarlos a agitar sus maracas cuando entonen canciones durante una lección.

Imagen en fieltro del *Ángelus*

Grados 4–8

Materiales:

Fieltro para el fondo (felt)	Fieltro de varios colores para los patrones (felt)
Marco para fotos (picture frame)	Lápices (pencils)
Pegamento (glue)	Tijeras (scissors)
Cartón (cardboard)	Patrones (ver página 124)

CONEXIÓN CON LA FE

Explique a los niños que al mediodía, los católicos rezan una oración tradicional llamada el Ángelus. Comente que la oración comienza con las siguientes palabras: "El ángel del Señor anunció a María. Y concibió por obra y gracia del Espíritu Santo".

Antes de la clase:

Recorte las piezas de la imagen y las piezas de fieltro para los estudiantes menores.

Instrucciones:

1. Para cada pieza de la imagen, trazar un patrón sobre el fieltro con el patrón provisto.

2. Ajustar la imagen al tamaño del marco.

3. Recortar piezas de fieltro. Usar dorado para la aureola, azul para la túnica, etc.

4. Pegar al fieltro de fondo y colocar la imagen finalizada en el marco.

Patrones para imagen en fieltro del *Ángelus*

Flores

Aureolas

Tallos

Cuerpo del ángel

Pelo
del ángel

Manos

Cuerpo
de María

Sol

Caras

Ala

Ala

Oración de san Francisco

Grados 3–8

Materiales:

Revistas con ilustraciones de aves y animales (magazines)	Copias de la Oración de la paz de san Francisco, 1 por estudiante
Cartoncillo (poster board)	Perforadora (paper punch)
Tijeras (scissors)	Estambre (yarn)
Pegamento (glue)	

CONEXIÓN CON LA FE

Explique a los niños que san Francisco de Asís es conocido por su gran amor a los animales y por su Oración de la paz.

Instrucciones:

1. Recortar ilustraciones de revistas de aves y animales.
2. Pegar las ilustraciones y la oración al cartoncillo.
3. Perforar un agujero en el cartoncillo. Ensartar una tira de estambre y anudarla para colgar la oración.

Oración de la paz de san Francisco

¡Señor, haz de mí un instrumento de tu paz!

Que allá donde hay odio, yo ponga el amor.

Que allá donde hay ofensa, yo ponga el perdón.

Que allá donde hay duda, yo ponga la fe.

Que allá donde hay discordia, yo ponga la unión.

Que allá donde hay error, yo ponga la verdad.

Que allá donde hay desesperación, yo ponga la esperanza.

Que allá donde hay tinieblas, yo ponga la luz.

Que allá donde hay tristeza, yo ponga la alegría.

Oh Señor, que yo no busque tanto ser consolado, cuanto consolar,

ser comprendido, cuanto comprender,

ser amado, cuanto amar.

Porque es dándose como se recibe,

es olvidandose de sí mismo, como uno se encuentra a sí mismo,

es perdonando, como se es perdonado,

es muriendo como se resucita a la vida eterna. Amén.

Oración de la paz de san Francisco

¡Señor, haz de mí un instrumento de tu paz!
Que allá donde hay odio, yo ponga el amor.
Que allá donde hay ofensa, yo ponga el perdón.
Que allá donde hay duda, yo ponga la fe.
Que allá donde hay discordia, yo ponga la unión.
Que allá donde hay error, yo ponga la verdad.
Que allá donde hay desesperación, yo ponga la esperanza.
Que allá donde hay tinieblas, yo ponga la luz.
Que allá donde hay tristeza, yo ponga la alegría.

Oh Señor, que yo no busque tanto ser consolado, cuanto consolar,
ser comprendido, cuanto comprender,
ser amado, cuanto amar.
Porque es dándose como se recibe,
es olvidándose de sí mismo, como uno se encuentra a sí mismo,
es perdonando, como se es perdonado,
es muriendo como se resucita a la vida eterna. Amén.

Cruz estelar

Grados 5–8

Materiales:

Cartoncillo (poster board)	Pegamento blanco (white glue)
Lápices (pencils)	Brochas (brushes)
Tijeras (scissors)	Pintura dorada (gold paint)
Palillos de dientes (redondos) (toothpicks)	

CONEXIÓN CON LA FE

Recuerde a los niños que la cruz es una de las imágenes más sagradas de la fe cristiana.

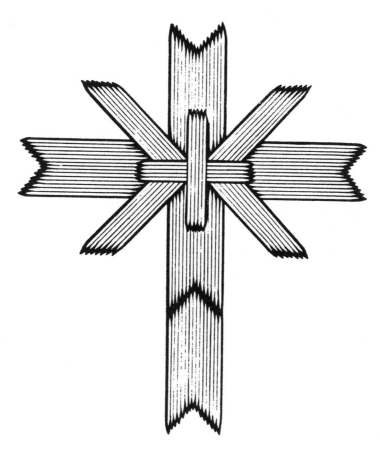

Instrucciones:

1. Dibujar en cartoncillo una cruz con vigas de unas 7 pulgadas de largo y 1 ¼ de ancho. Recortar la cruz.

2. Ponerle una capa de pegamento con la brocha y colocar los palillos de dientes como se ilustra. Ver página 128.

3. Pegar los palillo en los brazos de la cruz.

4. Agregar otra "cruz" de palillos encima de la primera.

5. Cuando la cruz se seque, ponerle una capa de pintura dorada.

Patrón para cruz estelar

1.

2.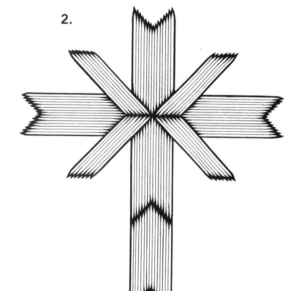

3.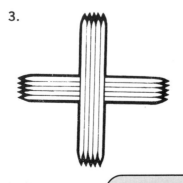

Calendario litúrgico

Grados 1–8

Materiales:

Lápices o crayones de colores (colored pencils, crayons)	Tarjetas viejas de Navidad y de Pascua (old cards)
Copias del calendario litúrgico (ver página 130)	Tijeras (scissors)
Revistas (magazines)	Pegamento (glue)

> ### CONEXIÓN CON LA FE
> *Explique a los niños que el tiempo pertenece a Dios, y los católicos nos esforzamos por mantener todo el tiempo sagrado al seguir un calendario litúrgico que recuerda episodios importantes de la vida de Jesús, María y los santos.*

Antes de comenzar:

Prepare una cantidad amplia de patrones para los niños menores.

Instrucciones:

1. Reparta copias del calendario litúrgico.

2. Pida a los estudiantes que dibujen los símbolos de cada tiempo en su calendario litúrgico. (Podría hacer una lista de los tiempos y sus símbolos en la pizarra y proporcionar patrones a los niños menores).

3. Los estudiantes mayores deben ser capaces de determinar qué símbolo se ajusta a cada tiempo litúrgico. Pueden dibujar símbolos litúrgicos en el tiempo apropiado.

4. También pueden recortar ilustraciones de revistas o de tarjetas viejas de Navidad o de Pascua para pegar en sus calendarios litúrgicos.

   ADVIENTO: corona o vela de Adviento

   NAVIDAD: estrella, escena navideña, pesebre, caja de regalo

   CUARESMA: cruz, corona de espinas, palmas

   PASCUA: lirio, vela, planta, mariposa, cordero

   TIEMPO ORDINARIO: árbol, vid y ramas

Patrón de calendario litúrgico

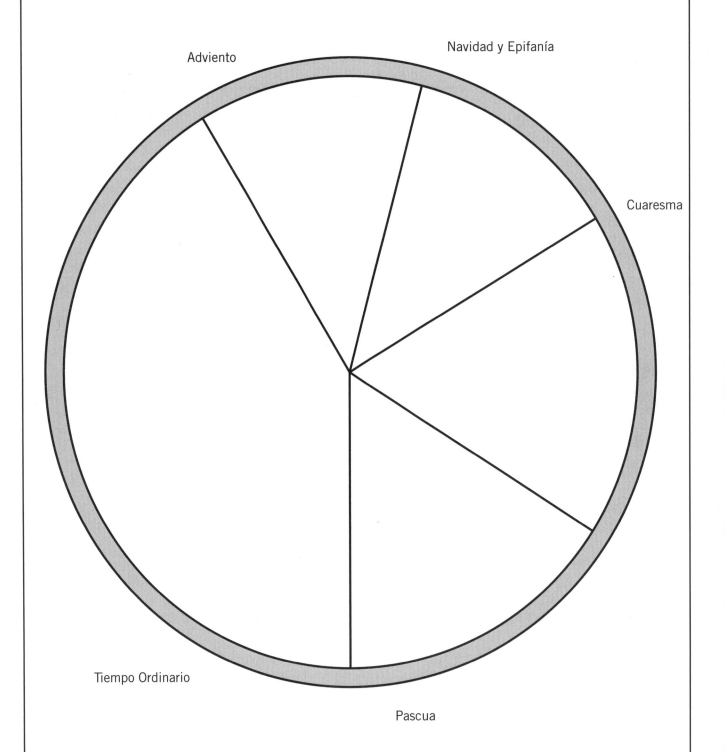

Adviento

Navidad y Epifanía

Cuaresma

Tiempo Ordinario

Pascua

Cartel del rosario

Grados 1–4

Materiales:

Cartoncillo, hoja grande (poster board)	"Confeti" redondo (para hacerlo, perforar una cartulina) (confetti)
Pegamento (glue)	Lápiz (pencil)
Crayones (crayons)	Diagrama de rosario (ver página 132)

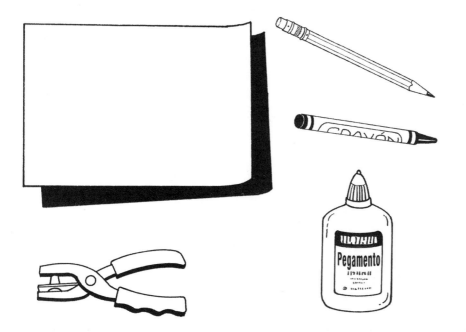

Antes de comenzar:

Elabore bolsas de confeti. Dibuje a lápiz el rosario en la pizarra para los grados 1 y 2. Marque con una "x" o con una "o" los sitios donde los estudiantes deben pegar puntos (cuentas).

Instrucciones:

1. Hacer un dibujo tenue a lápiz del rosario.
2. Pegar confeti en los lugares apropiados.
3. Dibujar una cruz con los crayones.

Patrón para cartel del rosario

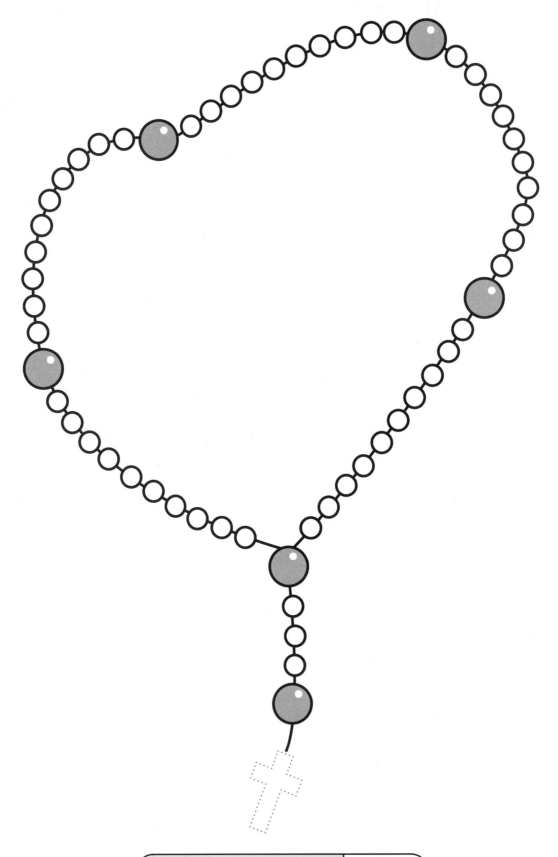

Centro de actividades del rosario

Grados 1–8

Materiales:

Cada estuche de rosario debe contener lo siguiente:	53 cuentas de un color para cada Ave María (beads)
1 crucifijo (crucifix)	6 cuentas de otro color para cada Padre nuestro (beads)
1 cordón con un punto marcado a 6 pulgadas de una de las puntas (cord)	1 bolsa plástica con cierre (plastic bag)
1 palillo de dientes (toothpick)	Esmalte de uñas transparente o pegamento para manualidades (nail polish, craft glue)

Antes de comenzar:

Este proyecto requiere de varias sesiones de clase. En una bolsa plástica, prepare un estuche por estudiante con los materiales necesarios para elaborar el rosario. Elabore un rosario de muestra para que los estudiantes vean cómo debe quedar.

Instrucciones:

1. Pida a cada estudiante que elija un estuche. Cada estuche debe contener 53 cuentas de un color para cada Ave María, 6 cuentas de otro color para cada Padre nuestro, un crucifijo y un cordón con un punto marcado a seis pulgadas de una de las puntas.

2. Dividir las cuentas del Ave María en 5 grupos de 10 y un grupo de 3. Poner las 6 cuentas del Padre nuestro juntas. Estirar y enderezar el cordón.

3. Hallar el punto en el cordón y hacer un nudo allí. (Ver sugerencia más adelante).

4. Ensartar 10 cuentas del Ave María en el extremo largo del cordón. Deslizarlas hacia abajo para que queden alineadas por encima del nudo.

5. Hacer otro nudo encima de las 10 cuentas, dejando un pequeño espacio para deslizarlas.

6. Añadir una cuenta del Padre nuestro y hacer otro nudo.

7. Repetir los tres pasos previos hasta tener 5 conjuntos de 10 cuentas pero no añadir aún la quinta cuenta del Padre nuestro.

8. Hacer un nudo en la punta. Después, atar las dos puntas formando un círculo de cuentas. Apretar bien el nudo y ponerle un poquito de pegamento o de esmalte de uñas transparente para asegurarlo.

9. Añadir una cuenta del Padre nuestro a la parte más larga del cordón.

10. Hacer un nudo y luego añadir tres cuentas del Ave María.

11. Hacer un nudo, añadir la última cuenta del Padre nuestro y hacer otro nudo.

12. Asegurar el crucifico con un nudo doble. Apretar bien el nudo y ponerle un poquito de pegamento o de esmalte de uñas transparente.

13. Cuando el pegamento o el esmalte se sequen, cortar las partes sobrantes del cordón, sostener el rosario y decir una oración por su familia.

14. El rosario podría ser bendecido por un sacerdote.

Cómo hacer los nudos: Primero, determinar dónde debe quedar el nudo. Segundo, hacer un nudo flojo en ese punto. Tomar la punta de un palillo de dientes y, ensartándolo por el nudo flojo, presionar hacia abajo en el punto del cordón donde se desea colocar el nudo. Entonces deslizar y apretar con cuidado el nudo flojo alrededor de la punta del palillo.

Diagrama:

Usar el diagrama de la página 136 con la hoja de instrucciones para hacer un rosario familiar. Los números del diagrama se refieren a las instrucciones numeradas que aparecen arriba.

3. Nudo inicial

4. Proceder en esta dirección

5. Nudo

6. Nudo

7. (Repetir los pasos 2, 3 y 4 para cada sección).
   Nudo
   Nudo
   Nudo
   Nudo
   Nudo
   Nudo

8. Nudo

9. Nudo

10. Nudo

11. Nudo
    Nudo

12. Doble nudo
    Cordón inicial de seis pulgadas (Cortar en el paso 13).
    Punta del cordón sobrante (Cortar en el paso 13).

Oraciones:

El Rosario es una oración en la que se ocupan tanto las manos como el corazón. El sentir las cuentas del rosario y repetir las oraciones nos calma y prepara para abrir nuestros corazones a Dios. Cada misterio relata una historia de la vida de Jesús y de María. Rezar el Rosario nos ayuda a compartir sus experiencias. En la página 139 aparece una guía visual de cómo rezar el Rosario con un rosario.

1. Rezar la Señal de la Cruz y el Credo de los Apóstoles.
2. Rezar el Padre nuestro.
3. Rezar 3 Ave Marías y 1 Gloria al Padre.
4. Meditar en el primer misterio. Rezar el Padre nuestro.
5. Rezar 10 Ave Marías y 1 Gloria al Padre.
6. Meditar en el segundo misterio. Rezar el Padre nuestro.
7. Rezar 10 Ave Marías y 1 Gloria al Padre.
8. Meditar en el tercer misterio. Rezar el Padre nuestro.
9. Rezar 10 Ave Marías y 1 Gloria al Padre.
10. Meditar en el cuarto misterio. Rezar el Padre nuestro.
11. Rezar 10 Ave Marías y 1 Gloria al Padre.
12. Meditar en el quito misterio. Rezar el Padre nuestro.
13. Rezar 10 Ave Marías y 1 Gloria al Padre.
14. Opcional: rezar una *Salve Regina.*
15. Rezar la Señal de la Cruz.

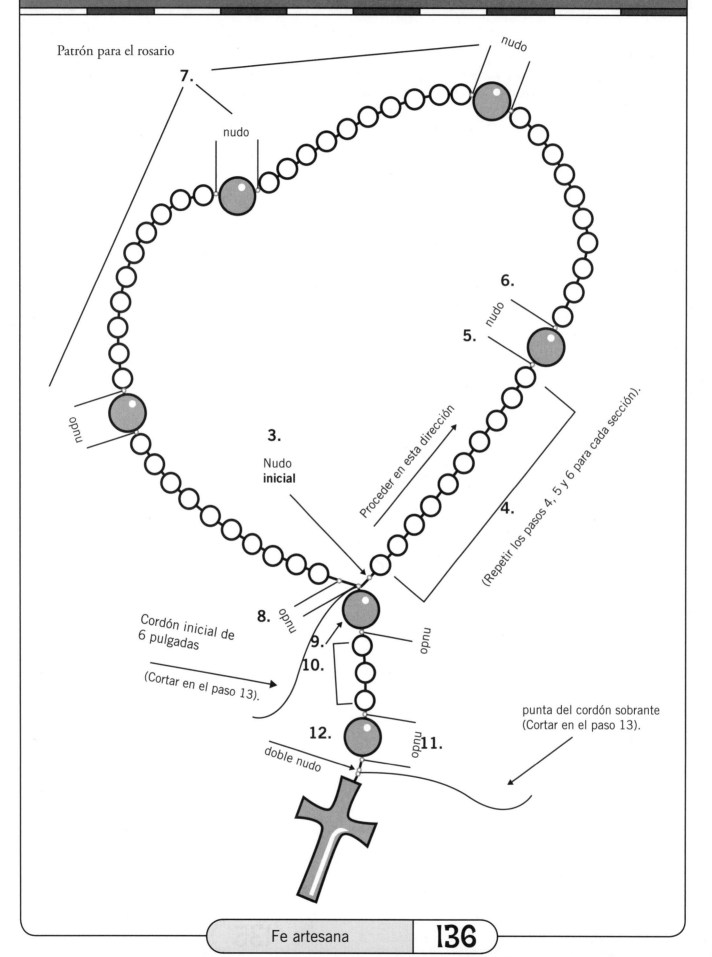

Patrón para el rosario

7.

nudo

nudo

6.

nudo

5.

(Repetir los pasos 4, 5 y 6 para cada sección).

4.

nudo

3.

Nudo **inicial**

Proceder en esta dirección

8.

nudo

nudo

9.

10.

Cordón inicial de 6 pulgadas

(Cortar en el paso 13).

punta del cordón sobrante (Cortar en el paso 13).

12.

nudo

11.

doble nudo

Centro de actividades del rosario

Grados 3–8

CONEXIÓN CON LA FE

La valiosa oración del Rosario será aún más preciada al rezarla con un rosario elaborado con las propias manos y corazones de los niños y sus familias.

Materiales:

Estuches con cuentas del rosario (para ensamblarse antes del evento)

Colocar los siguientes artículos en una bolsa plástica u otro recipiente.

53 cuentas de un color (beads)	6 cuentas de otro color (beads)
Aguja (needle) (Opcional: Muchos tipos de cordones son lo suficientemente rígidos como para ensartar las cuentas sin una aguja. Otros tienen un alambre incorporado tipo aguja).	Palillo de dientes (Se usa para hacer nudos firmes y en el punto indicado. Como alternativa, proporciones pinzas especiales para ensartar cuentas). (toothpick)
Cordón de 3 pies con un punto marcado a 6 pulgadas de una de las puntas (cord)	1 crucifijo (crucifix)

Nota: Es muy importante que los agujeros de las 59 cuentas sean iguales y que el cordón sea del tamaño adecuado para los agujeros. Las cuentas deben deslizarse con facilidad pero sin quedar flojas.

Antes de comenzar:

El éxito de este centro de actividades depende de una buena organización. Pida la ayuda de varios voluntarios con anticipación. Quienes tengan experiencia trabajando con cuentas u otras manualidades serán muy valiosos para ensamblar los estuches, preparar el área de trabajo y ayudar a los participantes en el centro de actividades. También es fundamental tener voluntarios que recen el Rosario con regularidad. Su devoción y conocimiento constituyen un aporte maravilloso.

Anime al coordinador de este centro de actividades a hacer un rosario de práctica con bastante anticipación al evento para que pueda ensayar las instrucciones y verificar que todos los materiales sean adecuados.

En el evento:

Prepare varias áreas de trabajo provistas de los siguientes artículos.

- Folleto del Centro de actividades del rosario (páginas 133–36), uno por familia
- Esmalte de uñas transparente o pegamento de manualidades (para asegurar los nudos), un recipiente por cada 10 familias (No use adhesivos instantáneos como Superglue o Krazy Glue).
- Cajas de huevos vacías para agrupar las cuentas (opcional)

Nota: Las cuentas son un riesgo de asfixia para niños pequeños. Por favor, pida a los padres que estén atentos.

Sugerencias para reunir los materiales

Estuches ya listos: Si el tiempo apremia, una opción es comprar estuches ya listos. Se venden en línea y en varias tiendas de libros católicos y artículos religiosos. Para hallarlos en línea, escriba "*rosary kits*" [estuches para rosarios] en un motor de búsqueda. Los precios varían considerablemente.

Cuentas: Las cuentas vienen en una amplia gama de tamaños, formas, colores y materiales. Debido a la gran variedad, podrá adaptar su compra a las necesidades y recursos de su parroquia. Lo primordial es que los agujeros de todas las 59 cuentas sean del mismo tamaño.

Las cuentas se pueden comprar en línea o en una tienda de manualidades especializada. Si se compran en línea, escriba "*bead*" o "*beading supplies*" en el motor de búsqueda. Si no tiene experiencia con este tipo de manualidad, compre las cuentas en una tienda especializada. De ese modo, podrá ver y comparar el surtido de cuentas y pedir consejos a los dependientes de la tienda.

Cordón: El tipo de cordón más común que se consigue en tiendas especializadas es de hilo de poliéster encerado. Es un cordón resistente y barato, pero solo suele venir en negro. Si desea una variedad de colores, podría comprar cordones de seda, que también son resistentes pero son más costosos. Sea cual sea el cordón que elija, debe ser uno que permita que las cuentas se deslicen fácilmente pero sin quedar flojas.

El cordón de seda suele tener incorporado un alambre tipo aguja. El de poliéster por lo general no. Antes de comprar los cordones en volumen, ensaye con uno para ver si puede ensartar las cuentas que ha elegido sin necesidad de usar una aguja. Si no, deberá suministrar a los participantes alambres o agujas para ayudarlos a ensartar las cuentas.

Medallas de crucifijos: La mayoría de tiendas de artículos religiosos e incluso muchas tiendas de manualidades tienen crucifijos y cruces apropiadas para hacer rosarios. Los nombres varían según la tienda, así que el saber los términos le ayudará mucho en la búsqueda. Pueden denominarse crucifijos, cruces para el rosario o medallas de crucifijo.

Al buscar en línea (o incluso al llamar a las tiendas de manualidades), si no logra encontrar lo que quiere con un término, ensaye con otro hasta tener éxito. Si busca en línea, tenga en cuenta que muchos proveedores de estuches para rosarios también venden piezas individuales.

Recursos para el Rosario: Podría suministrar a los participantes libros sobre el Rosario y enlaces-a sitios Web pertinentes. He aquí algunas sugerencias:

- *La oración católica para las familias católicas.* (edición bilingüe) Disponible en www.loyolapress.com/store.
- *Rosario bíblico por la justicia y la paz.* Disponible en www.usccbpublishing.org.
- Enlace a: El Santo Rosario. Disponible en www.vatican.va/special/rosary/index_rosary_sp.htm.

Nota: Las misiones suelen necesitar rosarios. Podría pedirles a las familias que hagan un rosario para las misiones además del que harán para sí mismas durante el evento. Póngase en contacto con una organización misionera (por ejemplo, Catholic Extension Society 800-842-7804 o Divine Word Missionaries 847-272-7600) para coordinar el envío de los rosarios.

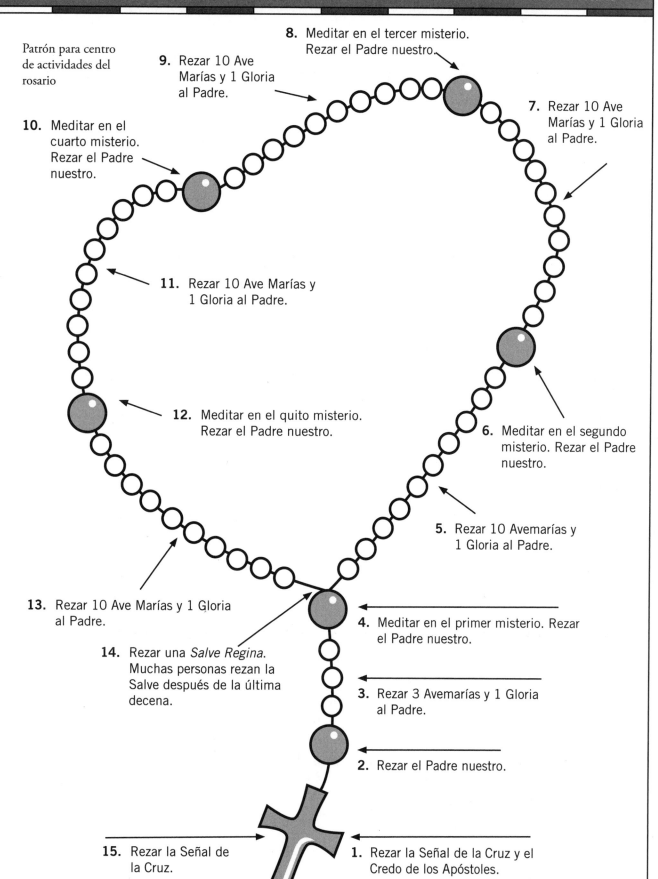

Patrón para centro de actividades del rosario

8. Meditar en el tercer misterio. Rezar el Padre nuestro.

9. Rezar 10 Ave Marías y 1 Gloria al Padre.

10. Meditar en el cuarto misterio. Rezar el Padre nuestro.

7. Rezar 10 Ave Marías y 1 Gloria al Padre.

11. Rezar 10 Ave Marías y 1 Gloria al Padre.

12. Meditar en el quito misterio. Rezar el Padre nuestro.

6. Meditar en el segundo misterio. Rezar el Padre nuestro.

5. Rezar 10 Avemarías y 1 Gloria al Padre.

13. Rezar 10 Ave Marías y 1 Gloria al Padre.

14. Rezar una *Salve Regina*. Muchas personas rezan la Salve después de la última decena.

4. Meditar en el primer misterio. Rezar el Padre nuestro.

3. Rezar 3 Avemarías y 1 Gloria al Padre.

2. Rezar el Padre nuestro.

15. Rezar la Señal de la Cruz.

1. Rezar la Señal de la Cruz y el Credo de los Apóstoles.

Rosario de macramé

Grados 5–8

Materiales:

Cordel (20 ply) o estambre (string, yarn)	Diagrama de rosario (ver página 132)
Cruz de madera (de aproximadamente 2 pulgadas) con agujero en la parte superior para ensartar el cordel (wooden cross)	Tijeras (scissors)

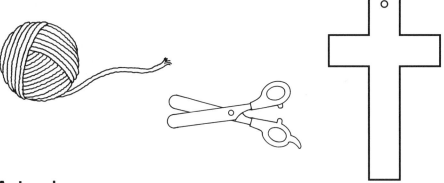

CONEXIÓN CON LA FE

La valiosa oración del Rosario será aún más preciada al rezarla con un rosario elaborado con las propias manos y corazones de los niños y sus familias.

Antes de comenzar

La longitud del cordel que se necesita por estudiante dependerá del grosor y de la habilidad de los estudiantes para hacer nudos cerca unos de otros. Para hacer cada rosario se necesita de tres a cinco pies de cordel (de 20 *ply*). Haga un rosario de muestra para poner a prueba la longitud necesaria y la tirantez de los nudos.

Instrucciones:

1. En una tira de cordel o de estambre, hacer tres nudos sencillos espaciados uniformemente para las Ave Marías.
2. Hacer un nudo doble o triple para los Padres nuestros.
3. Continuar con todas las cinco décadas. Usar una longitud fácil de manejar (aproximadamente 18 pulgadas) para anudar una década. Hacer cinco longitudes, o décadas, y anudarlas dos o tres veces. Este nudo viene a ser el nudo del Padre nuestro.
4. Atar una tira de cordel o de estambre (de unas 12 pulgadas) a la cruz. Hacer un nudo doble o triple, espacio, tres nudos sencillos, espacio y un nudo doble o triple.
5. Atar este pedazo a la parte larga del rosario en el lugar apropiado. (Ver diagrama).
6. Cortar el cordel o el estambre sobrante.

Opcional: Podría hacer los arreglos necesarios para mandar a bendecir estos rosarios.

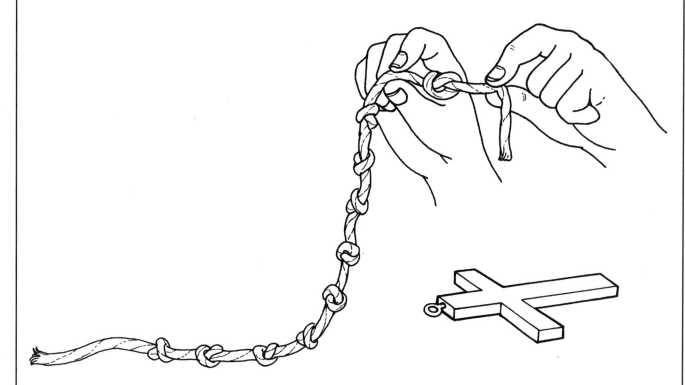

Placa de las Bienaventuranzas

Grados 1–4

Materiales:

Papel de dibujo (drawing paper) (9 x 12 ó 12 x 16 pulgadas)	Pegamento o engrapadora (glue, stapler)
Cartulina de colores (construction paper)	Camisas, batas o delantales para proteger la ropa
Crayones, tiza de colores o témperas y pinceles (crayons, chalk, tempera paint, paintbrushes)	Revistas viejas (magazines)
Copias de las Bienaventuranzas	Tijeras (scissors)

> ### CONEXIÓN CON LA FE
> *Lea con los niños las Bienaventuranzas, Mateo 5:1–12. Haga énfasis en que las Bienaventuranzas son la "receta" de Jesús para la felicidad.*

Felices los que trabajan por la paz, porque se llamarán hijos de Dios.

Antes de comenzar:

Prepare múltiples tiras de papel con una bienaventuranza escrita en cada una.

Instrucciones:

1. Hacer un dibujo de Jesús sentado en la cima de un monte. Dibujar algunos de sus discípulos.

2. Recortar ilustraciones de revistas donde aparezcan personas compartiendo o ayudando a otros. Pegar estas ilustraciones junto al dibujo de Jesús.

3. Pegar o engrapar al dibujo una o más de las tiras con bienaventuranzas.

4. Titular el dibujo si se desea.

5. Pegar o engrapar el dibujo en una hoja de cartulina de color a modo de marco.

Cartel de las Bienaventuranzas

Grados 5–8

Materiales:

Material para los carteles: papel para envolver o pasarela de papel para bodas (butcher paper, runners)	Engrapadora (stapler)
Lápices (pencils)	Estambre (yarn)
Rotuladores (felt-tip pens)	Patrones para símbolos (ver página 144)

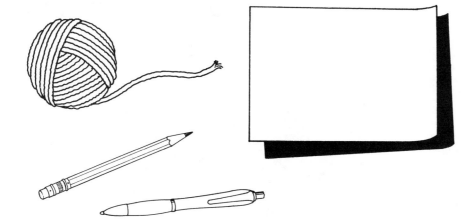

CONEXIÓN CON LA FE

Lea las Bienaventuranzas con los niños, Mateo 5:1–12. Haga énfasis en que las Bienaventuranzas son la "receta" de Jesús para la felicidad. Ayude a los estudiantes a entender que pueden hacer el BIEN en el mundo al seguir a Jesús en su misión de llegar a los demás.

Antes de comenzar:

Haga copias de los símbolos sugeridos. Escriba la palabra *Bienaventuranzas* en la pizarra antes de la clase.

Instrucciones:

1. Dirija a los estudiantes a diseñar un dibujo o símbolo sencillo que represente su bienaventuranza elegida. Los patrones sugeridos pueden servirles como guía.

2. Escribir las palabras de la bienaventuranza en el cartel y hacer un dibujo o símbolo para ilustrarla.

3. Colorear el cartel con rotuladores, usando colores brillantes y alegres. El símbolo se puede resaltar en negro.

4. Doblar la parte superior del cartel hacia abajo y engraparla formando un bolsillo.

5. Pasar estambre a través del bolsillo y anudar los extremos.

Patrones de símbolos para cartel de las Bienaventuranzas

Pastor de piña de pino

Grados 1–4

Materiales:

Piña de pino grande, 1 por estudiante (pinecone)	Bola de poliestireno de 2 ½ pulgadas, 1 por estudiante (Styrofoam® plastic ball)
Pegamento (glue)	Fieltro o tela (de un solo color) (felt, fabric)
Varitas de felpa (chenille stems)	Letrero "Ámense unos a otros" escrito en tiras de papel pequeñas, 1 por estudiante
Brochas pequeñas (brushes)	Opcional: Cartón para estante, lentejuelas, alfileres (cardboard, sequins, pins)

CONEXIÓN CON LA FE

En los dos más grandes mandamientos, Jesús enseñó que debemos amar a Dios con todo nuestro corazón y amar al prójimo como a nosotros mismos. Amar al prójimo y a nosotros mismos es una manera de amar a Dios. Este pequeño pastor de piña de pino portará el letrero "Ámense unos a otros" para recordarnos cómo amar.

Antes de comenzar:

Prepare suficientes letreros de "Ámense unos a otros".

Instrucciones:

1. Pegar la bola de poliestireno encima del tope de la piña de pino.
2. Pegar con pegamento o alfileres dos lentejuelas como ojos y una como nariz (o usar fieltro).
3. Enrollar una vara de felpa alrededor de la piña de pino para hacer los brazos.
4. Pegar un trozo de fieltro o de tela a manera de pañuelo para la cabeza.
5. Pegar el pequeño letrero "Ámense unos a otros" entre las manos.

Opcional: La piña de pino puede pegarse a un pequeño trozo de cartón a modo de estante para la figura.

Pastor de piña de pino

Grados 5–8

Materiales:

Piña de pino grande, 1 por estudiante (pinecone)	Bola de poliestireno de 2 ½ pulgadas, 1 por estudiante (Styrofoam® plastic ball)
Medias de nailon viejas (nylon stockings)	Varitas de felpa (chenille stems)
Motas de algodón (cotton balls)	Bolígrafo (pen)
Hilo color café o pardo (thread)	Papel blanco (white paper)
Lentejuelas y alfileres (sequins, pins)	Tijeras (scissors)
Retazos de fieltro o de tela (de colores lisos) (felt, fabric)	Pegamento blanco para manualidades o tela (fabric glue)
Trenza o cordel delgado ya sea dorado o plateado (braid, twine)	Opcional: atadura de alambre #32 (tie wire)

> **CONEXIÓN CON LA FE**
>
> *En Juan 10:11, Jesús se describe a sí mismo como el Buen Pastor que da la vida por sus ovejas. Todos somos llamados a amar como Jesús: con total desprendimiento.*

Instrucciones:

1. Si es necesario, tallar un pequeño agujero en la base de la bola de poliestireno para que se "siente" apropiadamente en la piña de pino (o quitarle unos cuantos pétalos a la piña para que quede plana en el tope). No pegar la bola aún.

2. Para hacer la "cabeza" y la "nariz", trabajar con un compañero.

   • Cubrir toda la bola con una media de nailon vieja. Asegurarse de que haya suficiente material para usar como cuello.

   • Añadir un trocito de algodón debajo del nailon como nariz. Pedirle al compañero que sostenga la "cabeza", manteniendo el nailon tirante alrededor del cuello mientras el otro "pellizca" la nariz para darle forma. Atar un pedazo de hilo alrededor de la nariz para fijarla.

   • Manteniendo el nailon tirante alrededor del cuello, atar otro pedazo de hilo alrededor del cuello.

3. Pegar la cabeza en el tope de la piña de pino. Enredar más hilo alrededor del cuello y de la piña para asegurarla bien.
   (Opcional: Fijar la cabeza a la piña de pino con una atadura de alambre #32. Estirar bien el alambre alrededor de la bola y la piña).

4. Se pueden hacer rasgos faciales de la siguiente manera:

   • Ojos: Usar dos lentejuelas y alfileres.

   • Barba: Esponjar una mota de algodón y pegarla a la quijada.

   • Brazos: Enrollar un limpiapipas alrededor del cuerpo de la piña de pino.

5. Recortar y pegar tela para formar el pañuelo que cubre la cabeza del pastor.

6. Atar un pedazo de trenza dorada o plateada alrededor de la frente.

7. Escribir "Ámense unos a otros" en un cuadrito de papel blanco y pegarlo a las manos del pastor.

 **30 minutos**

Esta es tu vida: Algo especial para alguien especial

Grados 1–8

Materiales:

Revistas con ilustraciones coloridas (magazines)	Surtido de decoraciones (papel de colores, mantelitos decorativos, lazo, calcomanías, etc.)
Tijeras (scissors)	Cartoncillo (poster board)
Pegamento (glue)	

> ### CONEXIÓN CON LA FE
> *En los dos más grandes mandamientos, Jesús enseñó que debemos amar a Dios con todo nuestro corazón y amar al prójimo como a nosotros mismos. Amar al prójimo y a nosotros mismos es una manera de amar a Dios.*

Instrucciones:

1. Hojear revistas y recortar cualquier cosa que les recuerde a la persona para la que están haciendo este regalo. Si a la persona le gusta la música, buscar ilustraciones con un tema musical. Si es aficionado a un deporte, buscar balones de baloncesto o de fútbol, patines o cualquier otro elemento deportivo. También pueden incluir comidas y pasatiempos favoritos. Usar ilustraciones, palabras o un cuento corto o poema que se relacione con esa persona.

2. Organizar los elementos de manera atractiva antes de pegarlos en el cartoncillo. Decorar con lazos, estrellas de colores, etc. Tratar de reflejar lo especial que es ese amigo.

Piedras vivas

Grados 1–8

Materiales:

Piedras (del tamaño de un pisapapeles), lisas y limpias, de cualquier forma, 1 por estudiante (rocks)	Pinturas para cartel, témperas o pintura acrílica (poster, gouache, acrylic paints)
Brochas (brushes)	Papel de periódico (newspapers)
Camisas, batas o delantales para proteger la ropa	Opcional: Fieltro y pegamento (felt, glue)

Antes de la clase:

Lave las piedras y déjelas secar para tener una superficie limpia donde escribir. Asegúrese de que la piedra tenga al menos una superficie lisa.

Instrucciones:

1. Pida a los estudiantes que examinen su piedra y hallen el mejor lugar para pintar su nombre.

2. Permita que los estudiantes usen su creatividad e imaginación a medida que pintan y decoran la piedra con su nombre.

3. Opcional: Pegar fieltro a la base de la piedra.

4. Invite a los estudiantes a buscar su santo patrón y leer acerca de su vida mientras las piedras se secan. Grados 1 y 2: Mientras pintan, hable sobre el santo patrón de cada estudiante.

CONEXIÓN CON LA FE

San Pedro describió a Jesús en la Biblia como "la piedra viva" que fue rechazada por los hombres que gobernaban pero elegida y aprobada ante los ojos de Dios. Nosotros también somos "piedras vivas" (1 Pedro 2:4–5). Somos las piedras con las que Dios construye su Iglesia, con Jesús como piedra angular. Dios quiere construir su Iglesia contigo y conmigo. Dejemos que las piedras con nuestros nombres nos recuerden a todos los santos que han vivido antes de nosotros. Al igual que ellos, debemos procurar ser personas buenas y amorosas.

De ser posible, obtenga una copia de un libro sobre la vida de los santos. A los niños les encanta saber sobre su santo patrón. Esto ayudará a que el proyecto de las piedras sea más significativo para los estudiantes.

Centro de actividades del broche de santo

Grados 5–8

Materiales:

Alambre para ensartar cuentas (beading wire)	Cuentas de remate, 2 por estudiante (crimp beads)
Medallas de santos, 1 por estudiante (saint medals)	Broches, 1 por estudiante (clasps)
Cuentas, 3 por estudiante (beads)	Alicates para manualidades (needle nose, beading pliers)
Alicates para cortar alambre (wire cutters)	

Instrucciones:

1. Deslizar una cuenta de remate por el alambre. (Ver indicaciones en la página 151).

2. Ensartar la medalla de santo elegido en el alambre.

3. Enlazar el extremo del alambre por detrás de la cuenta de remate, dejando una colita de media a un cuarto de pulgada.

4. Tensar el lazo de alambre, empujando la cuenta de remate hacia la medalla.

5. Con los alicates, aplanar la cuenta de remate, fijando bien los alambres.

6. Ensartar tres cuentas en el alambre. Se puede cubrir la "colita" ensartándola a través de la cuenta junto con el alambre principal.

7. Ensartar otra cuenta de remate en el alambre. Hay que tener cuidado si las cuentas tienen agujeros más grandes que la cuenta de remate. Esta podría deslizarse dentro de la cuenta y atascarse.

8. Ensartar un gancho en el alambre.

9. Enlazar el final del alambre por detrás de la cuenta de remate.

10. Tensar el lazo de alambre jalando el extremo del alambre para que se acerquen entre sí el gancho, la cuenta de remate y las tres cuentas. Deben quedar un poco flojas.

11. Cuando todo esté en su sitio, aplanar la cuenta de remate con los alicates.

12. Con los alicates para cortar alambre, cortar el alambre sobrante dejando una colita de un cuarto de pulgada. Acomodar la colita entre las cuentas.

CONEXIÓN CON LA FE

A través de la Comunión de los Santos, nos conectamos con los santos en el cielo y ellos se hacen presentes para ayudarnos y apoyarnos. Invite a los estudiantes a elaborar un broche de su santo favorito. Pueden llevarlo en su chaqueta o mochila como recordatorio de que, dondequiera que vayan, alguien los acompaña en su viaje.

Instrucciones para centro de actividades del broche de santo

1.

2.

3.

4.

5.

6.

7.

8.

9.

10.

11.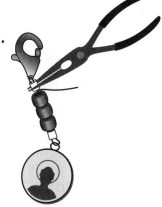

12.

Títeres de palito

Grados 1–4

Materiales:

Catálogos (catalogs)	Pegamento o engrudo (glue, paste)
Tarjetas de felicitación (greeting cards)	Cartón (cardboard)
Revistas (magazines)	Palitos de paleta (popsicle sticks)
Tijeras (tijeras)	

Instrucciones:

1. Recortar ilustraciones de tarjetas viejas, catálogos, revistas, etc.

2. Pegar cada ilustración en un cartón. Recortar el cartón dándole la forma de la ilustración. Hacer una manija larga con el mismo cartón o usar un palito de paleta. Dejar otras partes de la escena en la ilustración. Por ejemplo, dejar un árbol de fondo en una ilustración en la que un niño lanza una pelota.

CONEXIÓN CON LA FE

Comente brevemente con los estudiantes cómo sería el mundo sin leyes y normas que nos protegieran. Explique que las leyes nos protegen y nos permiten ser libres para amar a los demás. Señale que los Diez Mandamientos son las leyes de Dios. Divida la clase en dos grupos. Pida a un grupo que enumere la mayor cantidad de normas que se les ocurran. Pida al otro grupo que piense en qué tipo de normas establecerían si pudieran hacerlo. Después, invite a los grupos a presentar una escena de teatro con sus títeres en la que demuestren qué pasaría si no existieran buenas normas de protección. Por ejemplo, ¿qué pasaría si no existieran normas sobre la hora de ir a la cama? ¿O sobre cuándo ir a la escuela? ¿O para cruzar la calle? Pida a los estudiantes que incorporen sus ideas en la escena de títeres.

Títeres de caja

Grados 1–4

Materiales:

Cajas pequeñas (como cajas de cereal de porción individual), 1 por estudiante (boxes)	Cartulina (construction paper)
Tijeras (scissors)	Retazos de tela (fabric scraps)
Pegamento (glue)	Estambre (yarn)

Estos títeres se pueden usar con la actividad de la página 152.

CONEXIÓN CON LA FE

Señale que los Diez Mandamientos son las leyes de Dios. Así como hicieron con los títeres de palito (ver página 152), pida a los estudiantes que presenten una escena de teatro con los títeres de caja en la que muestren de qué modo las normas son parte de nuestra vida.

Antes de comenzar:

Haga un corte en la mitad de la cara frontal de la caja y abra ambos lados hacia abajo. Deje la cara de atrás en una sola pieza. Doble la caja por la mitad.

Instrucciones:

1. Forrar la caja con cartulina.

2. Crear una cara en la caja con cartulina, retazos de tela, estambre, etc.

3. Poner el pulgar en la base de la caja y el resto de los dedos en la parte superior para hacer que el títere se mueva.

Títeres de calcetín

Grados 1–8

Materiales:

Retazos de cinta en zigzag, estambre, algodón, fieltro, tela, etc.	Pegamento o aguja e hilo (glue, needle, thread)
Botones (buttons)	Tijeras (scissors)
Calcetines, 1 por estudiante (socks)	

Estos títeres se pueden usar con la actividad de la página 152.

CONEXIÓN CON LA FE

Señale que los Diez Mandamientos son las leyes de Dios. Así como hicieron con los títeres de palito (ver página 152), pida a los estudiantes que presenten una escena de teatro con los títeres de calcetín en la que muestren de qué modo las normas son parte de nuestra vida.

Instrucciones:

1. Pegar o coser la boca, los ojos, etc.
2. Añadir pelo y orejas.

Títeres de bolsa de papel

Grados 1–8

Materiales:

Bolsa de papel (tamaño almuerzo), 1 por estudiante (paper bag)	Retazos de cinta en zigzag, estambre, algodón, fieltro, tela, etc.
Botones (buttons)	Tijeras (scissors)
Pegamento (glue)	

Estos títeres se pueden usar con la actividad de la página 152.

CONEXIÓN CON LA FE

Señale que los Diez Mandamientos son las leyes de Dios. Así como hicieron con los títeres de palito (ver página 152), pida a los estudiantes que presenten una escena de teatro con los títeres de bolsa de papel en la que muestren de qué modo las normas son parte de nuestra vida.

Instrucciones:

1. Dibujar una cara en la solapa inferior de la bolsa de papel o pegarle retazos para hacer una cara.

2. Añadirle al títere estambre o tela para el pelo, el sombrero, las orejas, etc.

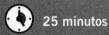
Velas de papel: Que tu luz brille

Grados 1–4

Materiales:

Tubos de cartón (como rollos de papel higiénico o rollos de toallas de papel), 1 por estudiante (cardboard tubes)	Versículos de las Escrituras (ej.: "Eres la luz del mundo", adaptado de Mateo 5:14, "Que tu luz brille", adaptado de Mateo 5:16)
Papel de aluminio (aluminum foil)	Pegamento o cinta adhesiva (glue, tape)
Papel de seda rojo, amarillo y anaranjado (tissue paper)	Opcional: Cartón o cartoncillo (cardboard, poster board)

CONEXIÓN CON LA FE

Lea en voz alta con los niños Mateo 5:14–16. "Ustedes son la luz del mundo. Brille igualmente la luz de ustedes ante los hombres". Invítelos a realizar un proyecto que les recuerde dejar que su luz brille para otros.

Eres la luz del mundo.
Mateo 5:14

Antes de comenzar:

Prepare los versículos de las Escrituras sobre el simbolismo de la luz.

Instrucciones:

1. Forrar el tubo con papel de aluminio y adherirlo con cinta adhesiva o pegamento.

2. Insertar papel de seda por la boca del tubo a manera de llama. Adherir el papel con cinta adhesiva o pegamento si es necesario.

3. Pegar con cinta adhesiva o pegamento un versículos de la Escritura a la vela.

Opcional: Pegar la vela con cinta adhesiva o pegamento a un redondel de cartón o de cartoncillo a modo de base. El redondel de cartón debe ser de 2 a 3 pulgadas más grande que el tubo.

Prepárate para Jesús: Lámpara

Grados 1–8

CONEXIÓN CON LA FE

Lea en voz alta con los niños la parábola de las diez muchachas (Mateo 25:1-13). Explique que Jesús nos anima a estar siempre listos para amar y servir a los demás.

Materiales:

Plato de cartón, 1 por estudiante (paper plate)	Crayones o marcadores (crayons, markers)
Tijeras (scissors)	Papel de seda rojo (tissue paper)
Lápiz (pencil)	Cinta adhesiva o pegamento (tape, glue)

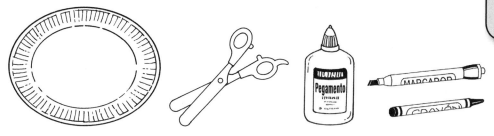

Instrucciones:

1. Cortar el plato de cartón por la mitad. Guardar una mitad para otro proyecto.

2. Recortar una manija en un extremo del plato de cartón.

3. Escribir "Estoy listo" (o "Estoy lista") en la lámpara. Decorar la lámpara al estilo propio.

4. Recortar llamas de papel de seda rojo y estrujarlas.

5. Pegar con cinta adhesiva o pegamento las llamas a la parte superior de la lámpara.

6. Exhibir la lámpara como recordatorio de que la fe en Jesús nos prepara para su regreso.

Sugerencias:

1. Recortar las llamas de cartulina roja.

2. Forrar una llama de cartón con papel de aluminio y pegarla a la lámpara.

3. Colorear la lámpara en un plato de cartón completo.

4. Usar un plato de cartón de color para hacer la lámpara.

5. Omitir la manija y hacer una lámpara de santuario para usarla con la historia de Samuel (1 Samuel 3).

6. Escribir "Que tu luz brille" en la lámpara. Mencionar de qué modos podemos mostrar el amor de Dios a los demás.

7. Usar la lámpara para ilustrar cantos religiosos en los que se hable de la luz de Cristo o que se centren en el símbolo de la luz.

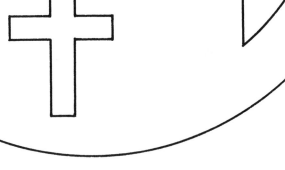

Estoy listo

Monogramas

Grados 5–8

Materiales:

Papel (paper)	Corcho (corkwood)
Tela (cloth)	Tijeras (scissors)
Fieltro (felt)	Aguja e hilo o pegamento (needle, thread, glue)
Varitas de felpa (chenille stems)	Papel (paper)
Encaje (lace)	Lápices (pencils)

> **CONEXIÓN CON LA FE**
>
> *Nosotros usamos signos y símbolos para expresarnos. Invite a los niños a hacer un proyecto en el que crearán símbolos —o monogramas— sobre lo que han aprendido este año.*

Instrucciones:

1. Un monograma se puede colocar en prendas de vestir, equipaje o zapatos. Cada monograma puede variar mucho en cuanto a forma, tipo de letra y tamaño. Aquí se ilustran algunas ideas. Algunos monogramas son más fáciles de recortar con una cuchilla de afeitar que con tijeras. Deben diseñarse según un tamaño o forma específicos. Los estudiantes crearán el tamaño y la forma de su propio monograma. Los monogramas hechos con varitas de manualidades se pueden adherir con aguja e hilo, pero deben retirarse cuando se va a lavar la prenda o de lo contrario se oxidan. Otros monogramas se pueden coser o pegar dependiendo del material que se use.

2. Pida a los estudiantes que piensen en lo que han aprendido este año. Invítelos a diseñar un monograma que simbolice una idea en particular. Ejemplos de ideas son: santos, amistad, dones y talentos, y oración.

3. Este puede ser un proyecto de dos sesiones. En la primera sesión se les dará tiempo a los estudiantes de anotar sus ideas en papel y diseñar un monograma realista. En la segunda sesión crearán sus monogramas.

Escena en caja de zapatos

Grados 3–8

Materiales:

Papel de periódico (newspapers)	Tijeras o cuchillo (scissors, knife)
Caja de zapatos con su tapa (shoe box)	Papel de seda o de celofán (tissue paper, chellophane)
Pintura y pinceles (paint, paintbrushes)	Surtido de materiales para la escena (como varitas, papel de aluminio, fósforos, esponja, hilo)

Es posible que necesite asistentes para ayudar a los estudiantes menores.

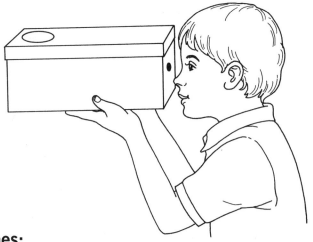

> ### CONEXIÓN CON LA FE
> *Hable con los estudiantes sobre cómo la Iglesia está llamada a ser la guía espiritual del mundo. A partir de este tema, invite a los estudiantes a crear una escena en una caja de zapatos. Pueden ilustrar cuál es la responsabilidad de todo cristiano hacia el prójimo: familiares, minorías, refugiados, inmigrantes, los pobres, la Iglesia, la comunidad local y el mundo.*

Instrucciones:

1. Recortar un agujero pequeño en una de las caras laterales de la caja con tijeras o un cuchillo. Recortar un agujero redondo o alargado en uno de los extremos de la tapa.

2. Quitar la tapa y pintar una escena en el fondo de la caja. Mirar de tanto en tanto a través del agujero en la cara lateral de la caja para ver la escena que aparece.

3. Poner la tapa para ver si el agujero está dejando pasar suficiente luz. El agujero de la tapa debe estar en el extremo opuesto a la mirilla.

Nota: Pida a los estudiantes que traigan sus propias cajas y otros objetos para la escena. Prepare una lista con anticipación y envíela a los padres.

La escena se puede hacer con diversas cosas. Por ejemplo: papel estrujado para hacer un mar revuelto, fósforos para el mástil de un barco, caja de fósforos para una casa, trozo de espejo o papel de aluminio para un lago y trocitos de esponja pegados a una varita para un árbol.

La luz en la caja variará dependiendo de si se usa papel de seda o de celofán para cubrir el agujero de la tapa. El de celofán es el ideal. Se puede usar hilo para colgar cosas como pájaros o aviones de la tapa.

Diseño a crayón para camiseta

Grados 1–8

Materiales:

Crayones (crayons)	Camisetas, 1 por niño (T-shirts)
Papel de lija (sandpaper)	Plancha (iron)

CONEXIÓN CON LA FE

Así como con la escena de la caja de zapatos (ver página 160), invite a los estudiantes a crear un diseño a crayón para camiseta en el que ilustren cuál es la responsabilidad de todo cristiano hacia el prójimo: familiares, minorías, refugiados, inmigrantes, los pobres, la Iglesia, la comunidad local y el mundo.

Instrucciones:

1. Invite a los estudiantes a dibujar un diseño con crayones en una hoja de papel de lija. Cerciórese de que hagan presión con el crayón.

2. Voltear bocabajo la parte dibujada del papel de lija sobre una camiseta y colocar una tela encima del papel.

3. Pasar una plancha caliente y seca sobre la tela y el papel de lija por un minuto más o menos. Retirar el papel de lija y ver el diseño para camiseta hecho a la medida.

Dibujo de arcoíris 1

Grados 1–4

Materiales:

Pintura dactilar azul (ver la receta abajo) (finger paint)	Cartulina de varios colores (construction paper)
Papel blanco (de unas 12 x 8 pulgadas) (white paper)	Patrón para franja de arcoíris
Esponja (sponge)	Pegamento (glue)
Agua (water)	Tijeras (scissors)
Papel de periódico (newspapers)	

CONEXIÓN CON LA FE

Lea en voz alta con los niños Génesis 9:11–17. Comente que el arcoíris nos recuerda la alianza que Dios estableció con la familia humana.

Instrucciones:

1. Cubrir la mesa con periódicos. Poner una hoja de papel blanco en la mesa y humedecerla con una esponja y agua. Poner una cucharada, más o menos, de pintura dactilar en el papel y cubrir todo el papel con la pintura. Hacer movimientos giratorios.

2. Mientras se seca la pintura, lavarse las manos. Hacer un arcoíris de cartulina usando varios colores para las franjas.

3. Recortar las franjas del arcoíris.

4. Pegar las franjas del arcoíris al fondo pintado cuando este se seque.

Receta de pintura dactilar:
Mezclar 3 cucharadas de azúcar con ½ cucharadita de almidón de maíz. Añadir 2 tazas de agua fría y poner a fuego bajo. Revolver constantemente. Dividir la mezcla en cuatro o cinco porciones y añadir a cada porción distintos colorantes vegetales o pintura para cartel.

Dibujo de arcoíris 2

Grados 1–4

Materiales:

Papel de periódico (newspapers)	Papel blanco o de periódico en blanco (white paper, newsprint)
Pintura y pinceles o crayones (paint, brushes, crayons)	Materiales de limpieza

CONEXIÓN CON LA FE

Lea en voz alta con los niños el Génesis 9:11–17. Comente que el arcoíris nos recuerda la alianza que Dios estableció con la familia humana.

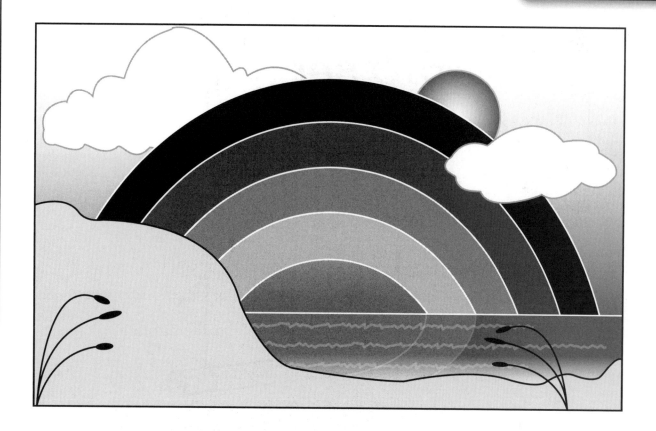

Instrucciones:

1. Reparta el papel. Recuerde a los estudiantes que el arcoíris es un símbolo de la alianza y de la presencia de Dios entre nosotros.

2. Invítelos a hacer su propio dibujo de arcoíris con pinturas o crayones.

Pergamino

Grados 1–8

Materiales:

Papel tapiz blanco (shelf paper)	Dos varitas, 4 pulgadas más largas que el ancho del papel tapiz (twigs)
Crayones negros (crayons)	Cinta (ribbon)
Pegamento (glue)	

Necesitará asistentes para ayudar a los estudiantes menores.

> **CONEXIÓN CON LA FE**
>
> *Explique a los niños que una alianza es un acuerdo sagrado entre dos personas. Comente que Dios estableció una alianza a través de Abrahám y que la cumplió al enviar a su único Hijo, Jesús.*

Prometo ser una amiga leal. -Laura

Instrucciones:

1. Pensar en una promesa, o "alianza", que harían con un amigo o una amiga.

2. Escribir su promesa en el centro del papel tapiz (los grados 1 y 2 necesitarán ayuda para escribir su promesa).

3. Pegar una varita en cada extremo del papel.

4. Pegar cinta en los extremos y atar el pergamino.

5. Compartir la alianza con sus amigos.

Móviles de vitral

Grados 3–8

Materiales:

Cartón (cardboard)	Papel de periódico (newspapers)
Papel de aluminio (aluminum foil)	Pintura para vitral (glass stain paint)
Papel de seda de colores (tissue paper)	Cordel (cord)
Tijeras (scissors)	Alambre grueso o colgadores de ropa (heavy wire, clothes hangers)
Lápices (pencils)	Patrones para móvil (ver página 166)

CONEXIÓN CON LA FE

Lea o resuma la historia de José, el hijo de Jacob, en Génesis 37–50.

Antes de comenzar:

Elabore una amplia cantidad de patrones para los estudiantes.

Instrucciones:

1. Cubrir las mesas con papel de periódico.

2. Trazar las piezas del móvil sobre cartón con los patrones provistos (arpa, corona, trompeta, abrigo de José, gancho de pastor y tabla). Usar papel de aluminio, papel de seda, patrones y pintura de vitral para hacer las piezas del móvil. Si quieren hacer un móvil más elaborado, los estudiantes mayores pueden recortar el centro de cada pieza e incrustarle papel de seda de color o decorar cada pieza.

3. Pegar un cordel a cada pieza y atarla a un alambre o colgador de ropa. Ensayar varias longitudes hasta alcanzar el equilibrio adecuado entre los elementos del móvil.

Patrones para móviles de vitral

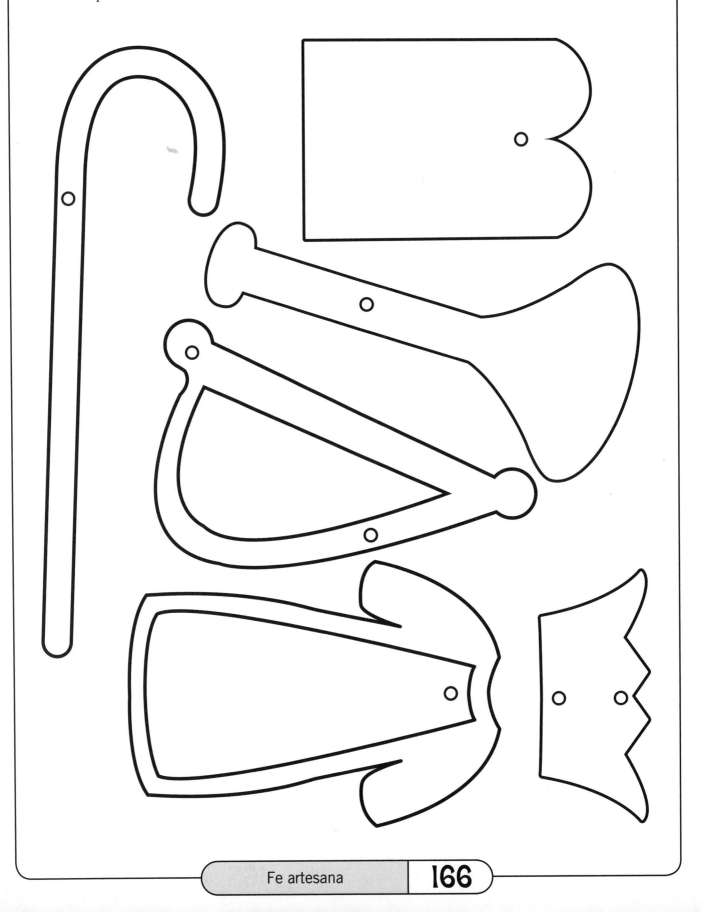

Pintura del desierto en papel de lija

Grados 1–4

Materiales:

Crayones (crayons)	Hoja de papel de lija en la que quepa un dibujo, 1 por estudiante (sandpaper)
Opcional: plancha y papel de dibujo (iron, drawing paper)	

CONEXIÓN CON LA FE

Este proyecto de "pintura en arena" nos recordará cómo guió Moisés a los israelitas a través del desierto en busca de la libertad y la abundancia de la tierra prometida. Este viaje de los israelitas es significativo en nuestra actual experiencia cristiana, ya que vemos nuestra vida como un viaje hacia Dios y sus promesas.

Instrucciones:

1. Pregunte a los estudiantes si han estado en un desierto. ¿Cómo era? Anímelos a "sentir" y crear el ambiente del desierto: caliente y seco. Para crear la sensación de calor, sequedad y sed, sugiera que usen en sus pinturas colores "cálidos", como anaranjado, rojo y amarillo.

2. Invítelos a dibujar la pintura del desierto directamente sobre el papel de lija.

3. Deberán presionar con firmeza en algunas áreas y ligeramente en otras. El resultado será un dibujo brillante y de textura áspera.

Opcional: Para hacer una copia de su pintura, pida a los estudiantes que la coloquen bocabajo sobre una hoja de papel de dibujo. Planche el respaldo del papel de lija con una plancha caliente. Desprenda el papel de lija del papel de dibujo. ¡Ahora tendrán dos dibujos!

Cartel de zarza ardiente

Grados 1–8

Materiales:

Hoja de cartoncillo o cartulina de 8 x 10 pulgadas, 1 por estudiante (poster board, construction paper)	Lápices (pencils)
Pegamento (glue)	Piezas de fieltro en café, dorado, anaranjado, amarillo y rojo (felt)
Estambre (yarn)	Tijeras (scissors)
	Patrones (ver página 169)

CONEXIÓN CON LA FE

La zarza ardiente es un símbolo del llamado a Moisés para liberar a los israelitas de la opresión de los egipcios (ver Éxodo 3:1–15). Dios nos llama a demostrar nuestro amor ayudando y cuidando a los demás.

Antes de comenzar:

Recorte las piezas de la zarza ardiente para los grados 1–3 de tal modo que los estudiantes sólo tengan que colocar y pegar las piezas coloreadas de la "zarza ardiente" en el cartoncillo o la cartulina.

Instrucciones:

1. Reparta los patrones e invite a los estudiantes a trazarlos sobre fieltro de colores.

2. Recortar las piezas y colocarlas en la hoja de cartoncillo o de cartulina en forma de zarza ardiente. Pegar las piezas en su sitio.

3. Desflecar los bordes del cartoncillo o de la cartulina haciendo pequeños cortes con las tijeras cada ¼ a ½ pulgada.

4. Para colgar la pintura, pegar estambre en la parte superior del cartoncillo o la cartulina. Atar el estambre formando un cordel para colgar.

Patrones para cartel de zarza ardiente

Arte en arena

Grados 4–8

Materiales:

Cartulina (construction paper)	Arena (sand)
Pegamento (glue)	

Instrucciones:

1. Reparta una hoja de cartulina a cada estudiante e invítelos a hacer un dibujo o escribir palabras con el pegamento. *Asegúrese de que no pongan grumos de pegamento en un solo punto.*

2. Antes de que el pegamento se seque, esparcir arena seca con la mano sobre el pegamento.

3. Dejar que el papel se asiente por unos minutos y luego sacudir el exceso de arena.

4. Dejar secar el dibujo por media hora o más, dependiendo de cuánto pegamento se haya usado.

Nota: Esta actividad también se puede hacer con arena de colores, pero si el presupuesto es limitado, queda muy bien con arena regular.

Cruz de Tau

Grados 1–2

Materiales:

Cartulina negra o de otro color oscuro (construction paper)	Tijeras (scissors)
Pegamento blanco (white glue)	Patrón para Cruz de Tau (ver página 172)

> ### CONEXIÓN CON LA FE
>
> *La Cruz de Tau fue la señal hecha por los israelitas en sus puertas durante el Éxodo para escapar de la ira del ángel exterminador (Éxodo 12:22). Se consideraba un símbolo de bendición.*

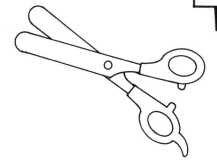

Antes de comenzar:

Dibuje en papel blanco una Cruz de Tau por cada estudiante.

Instrucciones:

1. Ayude a los estudiantes a recortar la Cruz de Tau que usted copió.

2. Pegar la Cruz de Tau blanca a la hoja de cartulina oscura.

3. Rezar juntos la oración Gloria al Padre y hablar sobre las bendiciones que Dios le ha dado a cada uno.

Patrón para Cruz de Tau

Tablas en arcilla de los Diez Mandamientos

Grados 1–4

Materiales:

Papel de periódico u otro material para cubrir las mesas	2 tazas de harina (flour)
Lápices (pencils)	1 taza de agua (water)
Receta para arcilla (clay)	Arcilla o plastilina (ver la receta abajo)
1 taza de sal (salt)	

> **CONEXIÓN CON LA FE**
>
> *Recuerde a los niños que cuando Moisés bajó del monte Sinaí, llevaba unas tablas de piedra en las que estaban inscritos los Diez Mandamientos (ver Éxodo 31:18).*

Antes de comenzar:

1. Haga la plastilina con los siguientes ingredientes: 1 taza de sal, 2 tazas de harina, 1 taza de agua.

2. Mezcle la sal y la harina.

3. Añada el agua poco a poco y mezcle con las manos.

4. Forme bolas de masa y guárdelas en un recipiente hermético.

Instrucciones:

1. Ablandar la arcilla o la plastilina.

2. Dividirla en dos.

3. Hacer una tabla como la de la ilustración. Aplanar la plastilina y darle forma.

4. Escribir con lápiz en las tablas de arcilla los números romanos para representar los Diez Mandamientos.

5. Colocar las tablas en un estante para que se sequen por 24 horas antes de que los estudiantes se las lleven a casa.

Ornamento mexicano
Ojo de Dios

Grados 3–8

Materiales:

Dos palitos de 12 pulgadas de largo y 1 pulgada de ancho aproximadamente (varitas, palitos de paletas, palillos de dientes) (craft sticks)	Hoja de cartón de 6 pulgadas, 1 por estudiante (cardboard)
Tijeras (scissors)	Opcional: Pegamento (Glue)
Varias madejas de estambre en cuatro colores (el largo depende de cuán grande se quiera hacer el Ojo de Dios) (yarn)	

Necesitará asistentes para ayudar a los estudiantes menores.

Instrucciones:

1. Unir los palitos en forma de cruz y pegarlos, o envolver estambre alrededor de los dos palitos en ángulo recto atándolos en el centro.

2. Atar el extremo de una tira de estambre de un color alrededor de los palitos en el centro, de tal modo que el nudo quede en el respaldo. Trabajar siempre con el frente de la cruz hacia uno.

3. Sostener los palitos en cruz con una mano y la madeja de estambre en la otra. Voltear el marco de la cruz y entretejer el estambre de manera circular, enrollándolo completamente alrededor de cada palito.

4. Se puede cambiar de color en cualquier momento. Atar el extremo del estambre viejo al del nuevo y acomodar el nudo por debajo. Seguir envolviendo la cruz con el nuevo color.

5. Continuar enrollando el estambre hasta cubrir tres cuartos de pulgada del extremo del palito.

6. Despuntar el estambre sobrante, anudar y acomodar el nudo por debajo.

7. Añadir pompones a los extremos de los palitos si se desea. Para hacer los pompones, enlazar estambre alrededor del pulgar y del dedo índice, atar el lazo en el centro y luego cortar las puntas.

CONEXIÓN CON LA FE

El Ojo de Dios fue un símbolo usado por los indígenas nativos del noroeste de México. Este diseño también se ha encontrado en áreas lejanas del sur como Perú y del este como Egipto.

Aunque los pueblos nativos no conocían a Dios como Jesús, sí sabían que había un "Gran Espíritu" superior a ellos. Sentían la necesidad de orar y usaban este símbolo para pedir salud y protección.

Este símbolo se puede usar hoy como símbolo cristiano al observar que el centro es una cruz y al reflexionar sobre el poder de la cruz y la Resurrección de Jesús como signos del amor de Dios hacia todos nosotros. Las cuatro vigas de la cruz apuntan a los cuatro extremos de la tierra: norte, sur, este y oeste.

Vasijas en arcilla de Jeremías

Grados 1–8

Materiales:

Camisetas viejas	Agua (water)
Arcilla (clay)	Plástico (plastic)
Esponja (sponge)	Lápiz afilado o palillo de dientes redondo (pencil, toothpick)

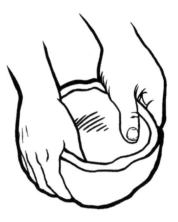

CONEXIÓN CON LA FE

Jeremías fue un profeta que fue enviado por Dios a observar a un alfarero trabajando en su torno. Después, Dios le dijo a Jeremías: "Como está el barro en manos del alfarero, así están ustedes en mis manos" (Jeremías 18:1–6).

Sugerencias acerca de la arcilla:

1. Hay muchos tipos de arcilla o barro. Algunas arcillas se endurecen por sí mismas. Otras tienen base de agua y se pueden cocer en un horno común. Sea cual sea el tipo que elija, mantenga la arcilla en recipientes de plástico hasta que se vaya a usar.

2. Amase la arcilla con las manos hasta suavizarla antes de comenzar. Entonces, proceda con el proyecto.

Instrucciones:

1. Cubrir la mesa de trabajo con un pedazo de plástico para protegerla y prevenir que la arcilla se le pegue.

2. Partir la arcilla en trozos más o menos del tamaño de una pelota de tenis y enrollarla hasta suavizarla por completo.

3. Sostener la bola de arcilla sin apretarla sobre la palma de la mano y, con el pulgar de la otra mano, comenzar a presionarla hacia abajo en la parte central.

4. Con el pulgar en el interior y los demás dedos afuera, apretar suavemente la arcilla. Sostener la arcilla ligeramente hacia los lados y rotar lentamente.

5. Trabajar la arcilla de abajo hacia arriba, apretándola y presionándola en un movimiento de espiral continuo hasta que las paredes de la vasija tengan ¼ de pulgada de grosor.

6. Para trabajar el cuello o la parte superior de las paredes, invertir la posición del pulgar y los demás dedos y apretar suavemente la orilla hasta que quede redonda y pareja.

7. Alisar cualquier grieta. Si la vasija está muy seca, humedecerla con una esponja.

8. Cada estudiante debe "tallar" su nombre o sus iniciales en la base de la vasija. Pueden usar un lápiz afilado o un palillo de dientes redondo.

9. Dejar secar las vasijas de arcilla en un estante por 24 horas antes de que los estudiantes las lleven a casa.

Coronas

Grados 1–2

Materiales:

Cartulina (construction paper)	Tijeras (scissors)
Patrones (ver página 178)	Pegamento blanco (white glue)
Brillantina (glitter)	Engrapadora (stapler)
Lentejuelas (sequins)	

Necesitará asistentes para este proyecto.

CONEXIÓN CON LA FE

Explique a los niños que el pueblo de Israel, tras ser llevado de la esclavitud en Egipto a la tierra prometida, solicitó un rey que los protegiera (ver 1 Samuel 8:5). Dios le permitió al pueblo de Israel tener un rey. Los cristianos ven a Jesús como un rey cuyo reino es perdurable y cuya voluntad se hace tanto en el cielo como en la tierra. Celebramos la Fiesta de Nuestro Señor Jesucristo, Rey del Universo el último domingo del año litúrgico.

Instrucciones:

1. Recorte coronas de cartulina a partir de los patrones que aparecen en la página 178.

2. Invite a cada estudiante a decorar su propia corona con brillantina y lentejuelas.

3. Ajuste la corona a la cabeza de cada estudiante. Una y engrape cada corona por detrás.

Patrones para coronas

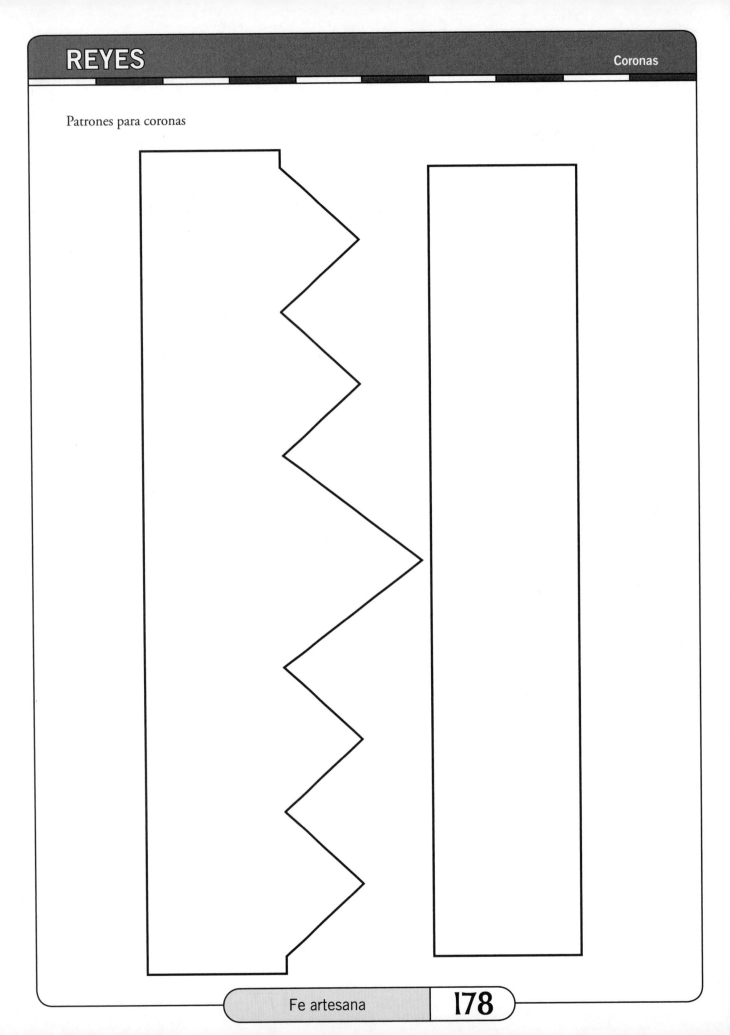

Placa de semillas

Grados 3–8

Materiales:

Patrón (ver página 180)	Lápices (pencils)
Cartoncillo (poster board)	Palitos de paleta (popsicle sticks)
Pegamento (glue)	Surtido de semillas y granos como arroz, alpiste, semillas de flores, semillas de naranja, semillas de toronja (seeds and grains)

CONEXIÓN CON LA FE

Los símbolos de la corona y la trompeta que se sugieren aquí provienen de la comprensión de la misión de los profetas. Los profetas eran voceros de Dios en su propia sociedad, recordándoles a los gobernantes y al pueblo la Palabra de Dios y el deber de justicia para todos. La corona es símbolo de reino y la trompeta es símbolo de la voz de los profetas.

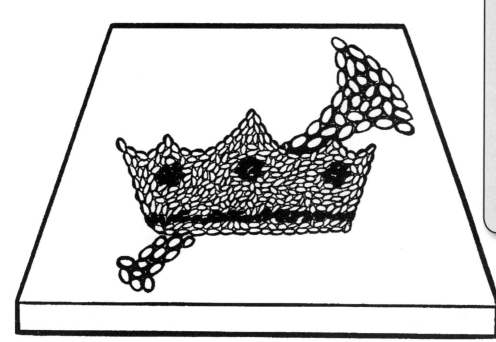

Instrucciones:

1. Trazar el patrón para la corona y la trompeta de la página 180 sobre una hoja de cartoncillo.

2. Cubrir una pequeña parte de la ilustración con pegamento y rellenarla con semillas o granos. Repetir con diversos colores hasta completar el patrón. Evitar rellenar una figura completa con un solo color. Usar una familia de colores de matiz similar, como verde claro con verde limón; tonos claros, oscuros, brillantes y opacos de azul; y rojo, granate y rosado. Usar palitos de paleta para delinear las diversas franjas de colores.

Patrón para placa de semillas

Mural navideño

Grados 1–3

Materiales:

Papel tapiz o papel de regalo liso (shelf paper, wrapping paper)	Pegamento (glue)
Tarjetas navideñas (Christmas cards)	Crayones o marcadores (crayons, magic markers)
Tijeras (scissors)	

> **CONEXIÓN CON LA FE**
> *Recuerde a los niños que en la Navidad celebramos el nacimiento de Jesús, el Hijo de Dios.*

Feliz Navidad

Instrucciones:

1. Recortar ilustraciones de tarjetas navideñas.
2. En la tira de papel tapiz, pegar ilustraciones que muestren la secuencia de los sucesos de la Natividad.
3. Decorar el mural con crayones o marcadores.
4. Colgar el mural en la pared.

Tarjetas navideñas con cinta

Grados 1–8

Materiales:

Cartulina de colores (construction paper)	Pegamento (glue)
Cinta brillante (ribbon)	Patrones (ver página 183)
Tijeras (scissors)	

Es posible que necesite asistentes para los estudiantes menores.

CONEXIÓN CON LA FE

Recuerde a los niños que en la Navidad celebramos el nacimiento de Jesús, el Hijo de Dios.

 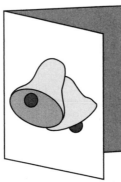 

Instrucciones:

1. Doblar la hoja de cartulina por la mitad.

2. Planear un diseño sencillo para la carátula de la tarjeta con los patrones de la página 183. Rellenar el diseño con tiras de cinta. El largo de las tiras variará según el diseño elegido.

3. Para hacer un árbol de Navidad, cortar 6 tiras de cinta verde en tres tamaños distintos, cada uno un poco más largo que los demás. Cortar dos tiras de cada tamaño, más cortas para la parte de arriba y más largas para la de abajo. Usando cinta dorada, recortar la estrella y el tronco del árbol. Pegarlos en su lugar. Pegar las tiras de cinta verde a la cartulina en forma de pino. Abrir la tarjeta y escribir un mensaje.

4. Para hacer la corona navideña, cortar 25 triángulos pequeños de cinta verde y pegarlos a la cartulina en forma de corona. Recortar 12 círculos de cinta roja para las bayas. Pegarlas a la corona. Hacer un moño con cinta dorada y pegarlo en la base de la corona.

5. Para hacer las campanas, trazar sobre la cartulina dos campanas a partir del patrón. Pegar cuatro tiras de cinta a un 1/8 de pulgada de distancia siguiendo la forma de cada campana. Cuando el pegamento se seque, recortar y pegar las campanas a la tarjeta de Navidad. Recortar dos círculos pequeños de otro pedazo de cinta y pegarlos en su lugar a modo de badajos de la campana. Doblar una tira de cinta y pegarla en la punta de las campanas.

Nota: Para los grados 1 y 2, trazar y recortar previamente las cintas con los patrones provistos.

Patrones para tarjetas navideñas con cinta

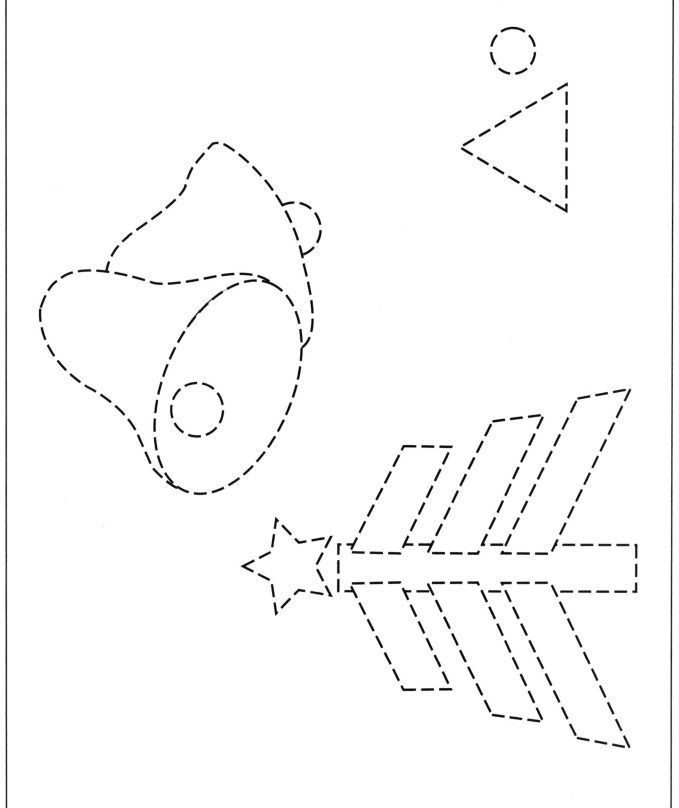

Luz de vela

Grados 1–8

Materiales:

Cartulina de color lila intenso de 5 ½ x 6 pulgadas, 1 por estudiante (construction paper)	Papel de aluminio o papel de seda azul intenso, rojo, plateado y dorado (foil paper, tissue paper)
Pegamento o engrudo (paste, glue)	Lápiz (pencil)
Tijeras (scissors)	Patrones (ver página 185)

> ### CONEXIÓN CON LA FE
> *Lea en voz alta a los niños Juan 1:1–9 y comente que "la luz verdadera" de la que habla Juan es Jesús. Invite a los niños a hacer un proyecto en el que representen a Jesús como la luz verdadera que ha venido a este mundo a disipar la oscuridad.*

Antes de comenzar:

Recorte una amplia cantidad de piezas de patrones. Decida qué parte de las piezas de papel de aluminio o de papel de seda quiere preparar con anticipación para los estudiantes menores.

Instrucciones:

1. Doblar la cartulina para que mida 5 ½ x 3 pulgadas. Trazar los patrones de la vela y la llama a partir del diseño de la página 185 sobre papel de aluminio o papel de seda y recortarlos. Hacer la vela azul, la llama interior plateada, la llama roja de en medio y el círculo externo dorado.

2. Pegar el círculo dorado en la cartulina equidistantemente a la parte superior y las esquinas laterales. Pegar la llama roja encima, colocándola como se ilustra. Colocar la llama plateada encima de la llama roja.

3. Pegar la vela en su lugar, sobrepuesta al borde inferior del círculo dorado.

Patrones para la luz de vela

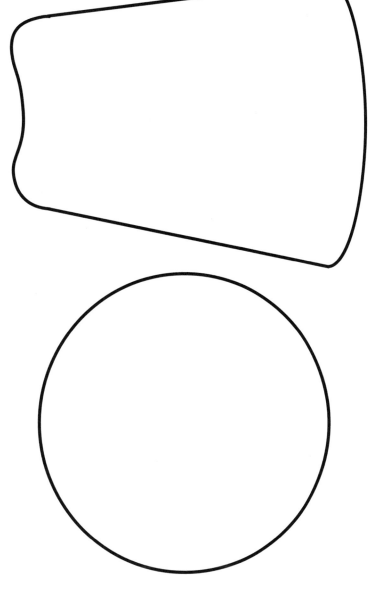

Ángel de piña de pino

Grados 1–8

Materiales:

Bola de poliestireno de 2 ½ pulgadas, 1 por estudiante (Styrofoam® plastic ball)	Piña de pino grande, 1 por estudiante (pinecone)
Papel de aluminio (foil)	Fieltro (felt)
Pegamento (glue)	Varitas de felpa (chenille stems)
Lentejuelas o brillantina (sequins, glitter)	*Tee* de golf, 1 por estudiante (golf tee)
Estambre (yarn)	

Necesitará asistentes para ayudar a los estudiantes menores.

> ### CONEXIÓN CON LA FE
> *Recuerde a los niños que en la historia del Evangelio de Lucas sobre el nacimiento de Jesús, aprendimos que los ángeles proclamaron el nacimiento de Jesús y entonaron cánticos de alabanza. Comente que a esos ángeles se les dice* heraldos, *que significa que son mensajeros de Dios. Invite a los estudiantes a crear una manualidad que represente a los ángeles heraldos de la Navidad.*

Antes de comenzar:

Tenga las piezas recortadas y listas para pegar para los grados 1 y 2.

Instrucciones:

1. Pegar la bola de poliestireno al extremo superior de la piña de pino.

2. Recortar alas de papel de aluminio. Insertarlas y pegarlas entre las escamas de la piña de pino.

3. Añadir detalles con lentejuelas, estambre y fieltro. Formar y pegar varitas de felpa para los brazos y la aureola. Pegar otra varita de felpa para hacer la base.

4. Añadir un *tee* de golf como trompeta.

Opcional: Para hacer un ornamento de ángel, armar el ángel como se indica antes pero añadirle un colgador en la parte superior de la cabeza con un cordel delgado o un alambre. Aplicar una hilera de pegamento a cada ala y añadir brillantina.

Símbolos navideños

Grados 1–8

Materiales:

Cartulina negra (construction paper)	Piezas de patrón (ver páginas 188–89)
Cartulina blanca (construction paper)	Lápices (pencils)
Tijeras (scissors)	Pegamento (glue)

Este proyecto puede hacerse en todos los niveles, dependiendo de la complejidad del símbolo que se escoja en los patrones. Es preferible que los grados 1 y 2 utilicen patrones de una pieza.

CONEXIÓN CON LA FE

Recuerde a los niños que, como católicos, usamos muchos signos y símbolos para expresar nuestra fe. Invite a los niños a crear símbolos que expresen nuestra alegría por el nacimiento de Jesús.

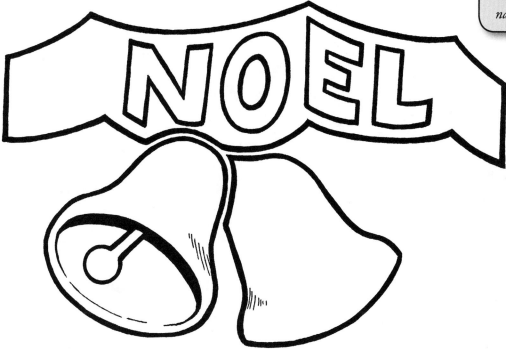

Instrucciones:

1. Pida a los estudiantes que tracen el patrón de vela, ángel, campana, árbol de Navidad o paloma en una hoja de cartulina negra o blanca.

2. Después de recortar cada pieza del patrón, deben pegarla a una hoja de cartulina. Si trazaron el patrón en cartulina negra, deben pegar las piezas a una hoja de cartulina blanca. Si lo trazaron en cartulina blanca, pegarán las piezas a una hoja de cartulina negra. Esto creará un efecto positivo/negativo.

3. Los estudiantes mayores podrían recortar sus diseños en piezas para darle al producto final un efecto de vitral.

Patrones para símbolos navideños

Patrones para símbolos navideños

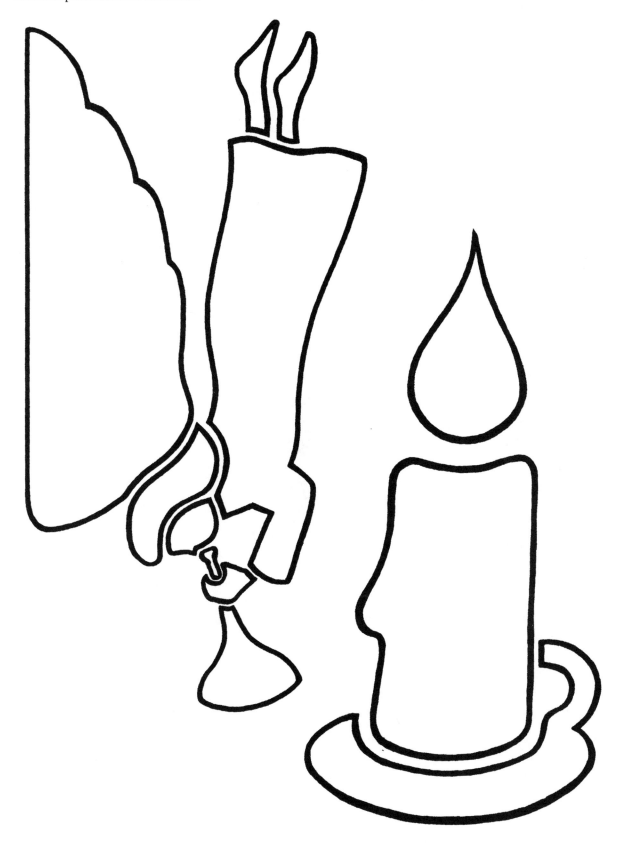

Siluetas

Grados 3–8

Materiales:

Cartulina negra (construction paper)	Cartón (del mismo tamaño de la cartulina blanca) (cardboard)
Cartulina blanca (construction paper)	Lámpara brillante (lamp)
Lápiz afilado (pencil)	Cinta o estambre grueso (ribbon, yarn)
Tijeras (scissors)	Cinta adhesiva de celofán (cellophane tape)
Surtido de papel de colores (colored paper)	Pegamento (glue)

CONEXIÓN CON LA FE

El Libro del Génesis nos dice que somos creados a imagen y semejanza de Dios. Esta actividad permite a los niños fijar su atención en una imagen de sí mismos y así recordar que han sido hechos a semejanza de Dios.

Instrucciones:

1. Sentarse o pararse entre una luz brillante y una pared blanca. Pararse de lado, de tal modo que la sombra del perfil se refleje en la pared. Usar la lámpara brillante para obtener una sombra definida.

2. Con cinta adhesiva, pegar una hoja de cartulina negra contra la pared de tal modo que la sombra del perfil caiga sobre la cartulina negra. La sombra es tu silueta.

3. Pedirle a un amigo que trace la silueta sobre la cartulina. Hay que quedarse quietos ya sea de pie o sentados.

4. Con cuidado, recortar la silueta y ponerla a un lado.

5. Pegar una hoja de cartulina blanca en el cartón. Colocar la silueta en el centro y pegarla en su lugar.

6. Decorar el borde de la cartulina blanca al gusto. Pegar una cinta o un estambre grueso al respaldo de la silueta para poder colgarla.

Nota: Este puede ser un regalo de Navidad, Día de san Valentín o Día de la Madre.

Dibujos navideños en sombras

Grados 1–8

Materiales:

Molde de aluminio de 9 pulgadas (aluminum pie pan)	Tijeras (scissors)
Fieltro negro (felt)	Colgador (hanger)
Cinta o borde negro en zigzag (rickrack, trim)	Patrones para siluetas (ver página 192)
Pegamento (glue)	

Podría necesitar asistentes en este proyecto, ya sea para ayudar a los estudiantes menores a recortar las siluetas o para recortar las siluetas con anticipación.

CONEXIÓN CON LA FE

En grupo, haga una lluvia de ideas sobre todos los personajes de la Natividad que aparecen en los Evangelios de Mateo y de Lucas. Haga una lista en la pizarra. Diga a los niños que crearán dibujos en sombras de algunos de estos personajes y de escenas de la historia de la Natividad.

Instrucciones:

1. A partir del patrón de la página 192, recortar la silueta de la Navidad y de la estrella en fieltro negro.

2. Pegar la escena al interior del molde, colocando la estrella arriba de las figuras.

3. Pegar cinta en zigzag alrededor del borde del molde a modo de marco.

4. Pegar un colgador en el respaldo del molde.

Patrones para dibujos navideños en sombras

Ángel navideño

Grados 1–8

Materiales:

Cartón delgado de 5 x 4 pulgadas para crear un cilindro de 1 ½ pulgadas de diámetro (o usar un rollo de papel higiénico vacío), 1 por estudiante (cardboard)	Pedazos de fieltro blanco y color durazno (felt)
Engrapadora (stapler)	Aguja e hilo (needle, thread)
Cartón delgado para las alas y la aureola (cardboard)	Bolas de poliestireno de 1¾ pulgadas, 1 por estudiante (Styrofoam® plastic balls)
Fieltro color café (felt)	Engrudo o pegamento (paste, glue)
Trenza (braid)	Tijeras (scissors)
Lentejuelas (sequins)	Tijeras dentadas (pinching shears)
Cuentas (beads)	Guirnalda para árbol de Navidad (tree garland)
Patrón (ver página 194)	

Instrucciones:

1. Hacer y engrapar un cilindro de cartón de 1 ½ pulgadas de diámetro o usar un rollo de papel higiénico.

2. Forrar el cilindro con fieltro y coserlo por detrás, al centro. Cubrir el tope y la base con fieltro adicional y añadir dos tiras de cinta trenzada o borde en la parte superior y la base.

3. Cortar un trozo de cartón delgado para hacer las alas y la aureola a partir de los patrones de la página 194. Recortar la forma una vez más, usando fieltro blanco.

4. Recortar el círculo interior en fieltro café para la aureola y despuntar los bordes con tijeras dentadas.

5. Recortar un molde de ala más pequeño en fieltro color durazno y coserla a la forma de fieltro blanco.

6. Pegar la aureola interna en el fieltro blanco y pegar el ala completa y la aureola en el cartón. Decorar las alas con lentejuelas y cuentas.

7. Pegar las alas por detrás del cilindro del cuerpo. Cubrir la mitad de una bola de poliestireno de 1 ¾ pulgadas de diámetro con material dorado para hacer la cabeza. Añadir 2 mitades de lentejuelas como ojos y una sola lentejuela como boca.

8. Pegar la cabeza en frente de la aureola y rodearla con una guirnalda navideña dorada de 4 ½ pulgadas aproximadamente como pelo.

CONEXIÓN CON LA FE

Recuerde a los niños que en la historia del Evangelio de Lucas sobre el nacimiento de Jesús, aprendimos que los ángeles proclamaron el nacimiento de Jesús y entonaron cánticos de alabanza. Comente que a esos ángeles se les dice heraldos, que significa que son mensajeros de Dios. Invite a los estudiantes a crear una manualidad que represente a los ángeles heraldos de la Navidad.

Patrones para ángel navideño

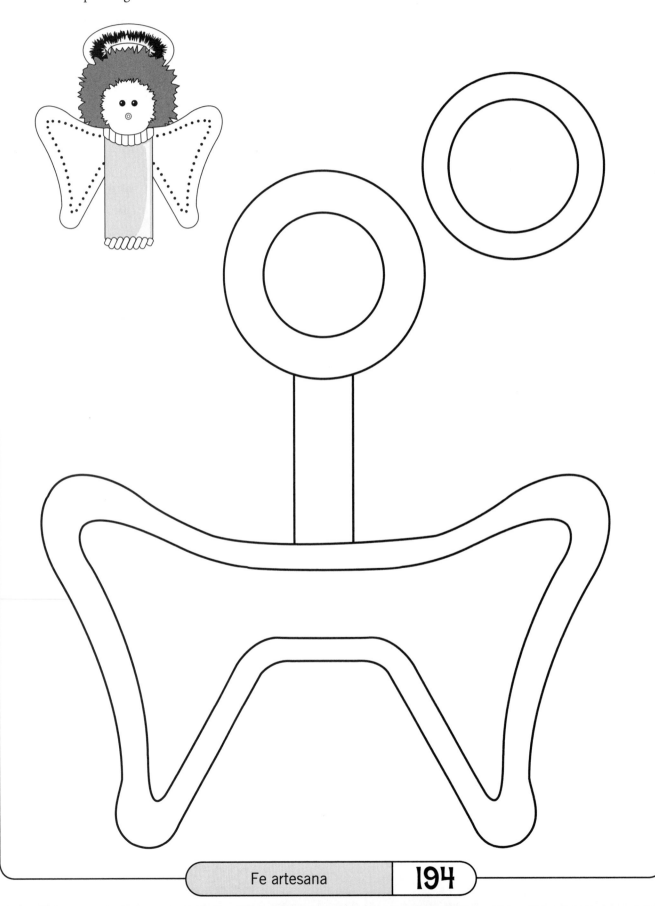

Corona

Grados 4–8

Materiales:

Cuadrado doble y ancho (formato grande) de papel de periódico blanco o de otro papel de grosor delgado a mediano de 15 a 20 pulgadas, dependiendo del tamaño de la cabeza a la que se va a ajustar

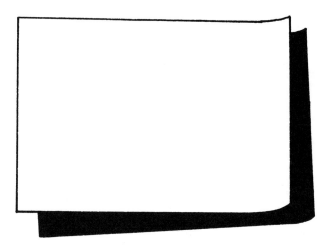

CONEXIÓN CON LA FE

Explique a los niños que el pueblo de Israel, tras ser llevado de la esclavitud en Egipto a la Tierra Prometida, solicitó un rey que los protegiera (ver 1 Samuel 8:5). Dios le permitió al pueblo de Israel tener un rey. Los cristianos ven a Jesús como un rey cuyo reino es perdurable y cuya voluntad se hace tanto en el cielo como en la tierra. Celebramos la Fiesta de Nuestro Señor Jesucristo, Rey del Universo el último domingo del año litúrgico.

Instrucciones:

1. Ver las ilustraciones de las páginas 196–197. Doblar la hoja por el centro, como un libro. Desdoblar.
2. Doblar hacia abajo el borde AB hacia el borde CD. (El siguiente dibujo es más grande).
3. Doblar el borde EA y FB al pliegue del centro. Desdoblar.
4. Aplastar el doblez, llevando las esquinas A y B al pliegue del centro.
5. Doblar las esquinas C y D por detrás.
6. Doblar hacia adentro las esquinas inferiores.
7. Después, doblar hacia arriba la nueva esquina I.
8. Repetir los pasos 6 y 7 al respaldo para hacer que la figura de papel sea simétrica por delante y por detrás. (El siguiente dibujo es más grande).
9. Abrir el bolsillo a lo largo del borde inferior y empujar hacia abajo en el pliegue GH.
10. Seguir abriendo el bolsillo para aplastar el pliegue contra las esquinas G y H hasta que surja la forma de corona.
11. Cuando la corona esté lista, hacer un pliegue hacia abajo en los 4 lados para que quede con aspecto cuadrado.

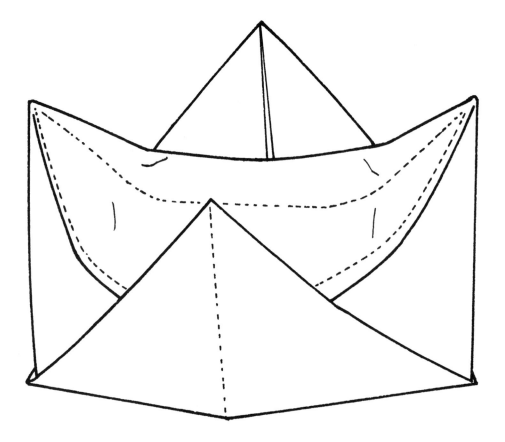

Instrucciones para hacer la corona

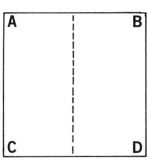

1. A ... B / C ... D

2. A ... B / E ... F / C ... D

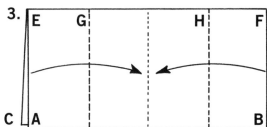

3. E G ... H F / C A ... B

4. E G ... H F / C A ... B

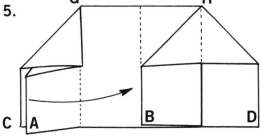

5. G ... H / C A ... B ... D

6. G ... H / C ... A B ... D

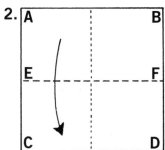

7. G ... H / C D

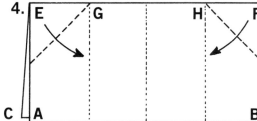

8. G ... H / I / C D

9. G ... H / I

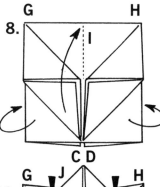

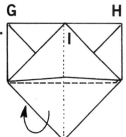

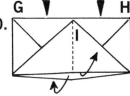

10. G ... H / I

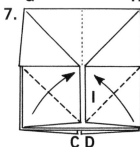

11. G J ... H

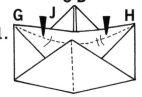

12.

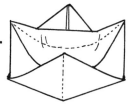

Programa A, Iglesia: Nuestros signos

Programa A, Iglesia: Nuestros signos se enfoca en los siete sacramentos así como en los signos y símbolos de cada sacramento, los que representan una realidad espiritual más profunda detrás del símbolo visible. Explique a los estudiantes que podemos comunicarnos con los demás mediante símbolos. Los símbolos dan información o representan algo más allá de lo que aparentan. Por ejemplo, un reloj simboliza el tiempo, el cilindro de peluquería simboliza un corte de cabello, las nubes simbolizan la lluvia y un corazón simboliza el amor.

Uno de los símbolos más antiguos usados por los cristianos para representar a Jesucristo es el pez. Este era un signo secreto con el que se identificaban entre sí los primeros creyentes, quienes eran públicamente perseguidos por creer en Jesús. Las iniciales griegas de Jesucristo, *ICHTHUS,* deletrean la palabra *pez,* y sirvieron como código para otros creyentes. Varias cruces, como la cruz de Jerusalén y la cruz chi-rho, también son símbolos antiguos que representan a Cristo. Otros símbolos representan a los siete sacramentos.

Sesión 1:

Sesión 2:

Sesión 3:

Repaso: Podría realizar uno de los proyectos de una sesión previa que no haya usado hasta el momento.

Programa B, Iglesia: Nuestras creencias

Programa B, Iglesia: Nuestras creencias explora cuáles son nuestras creencias y celebraciones como Iglesia. Las cuatro principales creencias que abarca este programa son Dios, Jesús, el Espíritu Santo y la Resurrección. Los estudiantes también estudian la liturgia de la Iglesia a través de la cual estas creencias se celebran en comunidad.

Tres aspectos importantes de la fe son: (1) la revelación de Dios a nosotros, (2) nuestra respuesta al don de la fe que Dios nos da y (3) cómo desarrollamos nuestra fe en relación a Dios, a Jesús y a nuestro prójimo. Tanto el uso de símbolos a través de la experiencia como el de objetos familiares de la vida diaria pueden ser medios valiosos de expresar una fe que es difícil de definir. Estos proyectos de manualidades ayudarán a representar simbólicamente cada creencia para los estudiantes de una manera entretenida.

Sesión 1:

Sesión 2:

Sesión 3:

Repaso: Podría realizar uno de los proyectos de una sesión previa que no haya usado hasta el momento.

Programa C, Iglesia: Nuestra historia

Programa C, Iglesia: Nuestra historia es la historia de nuestra herencia religiosa tal como se registra en el Antiguo Testamento, la que se inició hace cerca de dos mil años antes de la llegada de Jesús. Esta historia comienza con una introducción de los patriarcas Abrahám y Moisés, así como el establecimiento de la alianza entre Dios y el pueblo hebreo. Se presentan a los primeros reyes de la nación hebrea: el rey David y el rey Salomón. La fidelidad a la alianza es la principal preocupación de los profetas, quienes en la persona de Jeremías, recuerdan a los reyes y al pueblo vivir según sus promesas y actuar justamente.

La misión de Jesús completa la esperanza de la alianza temprana. El estilo de vida de los primeros cristianos refleja una preocupación hacia todos los miembros de la comunidad y el justo compartir de los recursos. La estructura de la Iglesia se desarrolló a partir de esta experiencia y de la creciente necesidad de ajustarse a una Iglesia en expansión.

Las manualidades de este programa reforzarán los temas con el fin de promover una experiencia de aprendizaje práctica.

Sesión 5:

Sesión 6:

Si esta sesión coincide con la Cuaresma, podría usar uno de los proyectos de Resurrección o de Oración.

Sesión 7:

Sesión 8:

Repaso: Podría realizar uno de los proyectos de una sesión previa que no haya usado hasta el momento.

Programa D, Iglesia: Nuestra vida

Programa D, Iglesia: Nuestra vida se centra en nuestra responsabilidad mutua como miembros de la Iglesia en el mundo, así como en algunos personajes que ejercen influencia sobre nosotros como modelos de estilo de vida cristiano. El estilo de vida de Jesús demuestra cómo las ocho Bienaventuranzas y los dos más grandes mandamientos —amar a Dios y al prójimo— nos pueden conducir hacia una estilo de vida saludable y a acercarnos al prójimo con generosidad.

María es presentada como la madre de Jesús y madre de la Iglesia. Otros santos, como san Esteban, el primer mártir; san Francisco de Asís, fundador de la orden franciscana; y santa Elizabeth Ann Seton, primera santa nacida en los Estados Unidos, son reconocidos por la Iglesia como auténticos cristianos a través del proceso de canonización.

Debemos recordar, sin embargo, que hay muchas otras personas de diversas edades que aman a Dios y se preocupan por el prójimo. Muchos de los siguientes proyectos afianzarán a los estudiantes en el estilo de vida cristiano al reforzar el concepto de cuánto los ama Dios.

Repaso: Podría realizar uno de los proyectos de una sesión previa que no haya usado hasta el momento.

Índice temático

ÍNDICE TEMÁTICO

Sacramentos

Santos

Símbolos

Índice alfabético

ÍNDICE ALFABÉTICO